나의 탄소 발자국은 몇 kg일까?

Putting Your Carbon Foot In It

Text copyrights ⓒ Paul Mason
Illustrations copyright ⓒ Mike Gordon

First published as this edition by Hodder and Stoughton Limited on behalf of Wayland, a division of Hachette Children's Books, 338 Euston Road, London, NW1 3BH, England
All rights reserved.

Korean Translation Copyright ⓒ 2011 by Darim Publishing Co.

This edition is published by arrangement with Hodder and Stoughton Limited in London through Kids Mind Agency, Seoul.

이 책의 한국어판 저작권은 키즈마인드 에이전시를 통해 Hodder and Stoughton Limited와 독점 계약한 도서출판 다림에 있습니다.
신 저작권법에 의해 한국 내에서 보호를 받는 저작물이므로 무단 전재와 복제를 금합니다.

나의 탄소 발자국은 몇 kg 일까?

폴 메이슨 글 · 마이크 고든 그림 · 이충호 옮김

다림

이 책을 읽기 전에

나의 탄소 발자국은 몇 kg일까?

여러분은 이 책의 제목을 보고 가장 먼저 무슨 생각이 들었나요?
혹시 '도대체 탄소 발자국이 뭐지? 탄소 발자국을 어떻게 잰다는 거야?'
하며 고개를 갸웃거리지는 않았나요?
탄소 발자국(carbon footprint)은 우리가 일상적으로 쓰는
연료, 물건, 식품 등 모든 것이 생겨날 때부터 버려질 때까지
직간접적으로 발생하는 이산화탄소의 양을 말해요.

뜻은 잘 알겠지만 나와는 거리가 먼 이야기 같다고요?
그러면 좀 더 이해하기 쉽도록 풀어서 이야기해 볼까요?
우리가 흔히 쓰는 종이컵을 예로 들어 설명할게요.
우리나라에서 한 해 동안 쓰는 종이컵은 약 120억 개래요.
이것은 4800만 명이 각자 매년 250개씩 쓰는 양이에요.
이 종이컵의 원료는 무엇일까요? 맞아요, 나무예요.
나무를 베어 트럭에 실은 뒤 펄프 공장으로 옮기고,
나무로 펄프를 만들고, 펄프로 종이컵을 만드는

이 모든 과정에서 엄청나게 많은 양의 이산화탄소가 배출되지요.

이 과정에서 배출되는 이산화탄소의 양은 모두 얼마나 될까요?
기후변화행동연구소라는 단체의 설명에 따르면,
**종이컵 120억 개를 만드는 과정에서는 무려 13만 2000톤의
이산화탄소가 배출된다고 해요. 종이컵 하나의 무게는 5g인데,
이산화탄소 배출량은 그보다 더 무거운 11g이 되는 셈이에요.
게다가 이산화탄소 13만 2000톤을 흡수하려면
나무가 4725만 그루나 필요하대요.** 그러니까 국민 한 사람당
나무를 한 그루씩 심어야 1년 동안 우리가 쓴 종이컵에서 나온
이산화탄소를 없앨 수 있다는 말이에요.

하지만 우리는 종이컵만 쓰고 사는 게 아니죠?
여러분의 하루 일과를 머릿속에 찬찬히 그려 볼까요?
아침에 일어나서 수돗물로 양치와 세수를 하고,

버스나 지하철, 또는 승용차를 이용해 학교에 가고,
잡곡밥에 소고기 반찬을 곁들인 점심을 먹고,
수업이 끝난 뒤 서점에 들러 필요한 책과 학용품을 사고,
집에 와서 TV를 보며 밥을 먹고 컴퓨터 게임을 하다가 쿨쿨…….

여러분이 하루 동안에 얼마나 많은 이산화탄소를 내뿜고 있는지
궁금하지 않나요? 이렇게 배출된 이산화탄소가 지구를 점점 뜨겁게
만들어 기상 이변과 자연재해를 일으킨다는 사실, 알고 있나요?
(여러분이 남긴 탄소 발자국의 양이 궁금하다면, 인터넷 홈페이지
'그린스타트'에 들어가 탄소 발자국 계산기를 두드려 보세요.)

**이 책은 우리가 왜 몸무게보다 탄소 발자국을 줄이는 데
신경을 써야 하는지, 탄소 발자국을 줄이려면 무엇을 해야
하는지 자세히 알려 주어요. 그 방법은 별로 어렵지 않아요.
지금보다 아주 조금만 불편을 참고 살면 되거든요.**

그동안 탄소 발자국에 대해 잘 몰랐다면, 이제부터라도 잘못된 습관을 바로잡도록 노력해 보세요.

여러분, 우리는 지구가 선물한 모든 것을 잠시 빌려 쓰고 있다는 걸 꼭 기억해 두세요. 아울러 탄소 발자국을 줄이려는 여러분의 작은 실천이 지구 온난화로 몸살을 앓는 지구의 숨통을 시원하게 틔워 줄 수 있다는 사실도 잊지 말았으면 해요.

차례

환경 ●	똑똑똑, 문 앞에 다가온 재앙?	10
사람 ●	얕은 발자국 또는 깊은 발자국	24
에너지 ●	화석 연료와 대체 에너지원	30
여행 ●	C를 피하면서 A에서 B로 가는 법	40
식품 I ●	식탁 위의 탄소 발자국	46
식품 II ●	문제는 발자국이 아닌 발굽 자국?	62
가정 ●	줄줄 새 나가는 집 안의 에너지	68
쇼핑 ●	쇼핑백에 담긴 탄소 발자국	74
퀴즈 ●	나는 환경 우등생일까, 낙제생일까?	86

찾아보기·단어 풀이·참고 사이트·교과 내용　89

폭폭폭, 문 앞에 다가온 재앙?

최근에 여러분이 사는 곳에 기상 이변이나 자연재해가 닥친 적 없나요? 예상치 못한 폭설이나 산불, 큰 홍수가 일어나지는 않았나요? 설사 이런 재해를 직접 겪지 않았다 하더라도, 텔레비전에서 본 적은 있을 거예요. 그런데 해가 갈수록 이러한 기상 이변이나 자연재해가 지구촌 곳곳에서 점점 더 자주 일어나고 있어요.

왜 이런 일이 일어날까?

과학자들은 지구 온난화 때문에 세계의 날씨가 변한다고 말해요. 지구 온난화는 지구의 평균 기온이 계속 올라가는 현상을 일컫는 말이랍니다. 과학자들은 태풍이나 가뭄, 홍수 같은 기상 이변과 그 밖의 자연재해가 갈수록 더 많이 발생하는 이유 중 하나로 지구 온난화를 꼽아요.

지구 온난화는 환경에 큰 변화를 가져옵니다. 예를 들어 세계 평균 기온이 올라가면, 극지방과 빙하의 얼음이 녹아요. 얼음이 녹은 물은 바다로 흘러들어 가 해수면(바다의 표면)이 높아지는데, 이 때문에 해안 저지

극지방
남극과 북극을 중심으로 한 그 주변 지역. 극지방은 지구에서 가장 추운 곳으로, 두꺼운 얼음으로 뒤덮여 있어요. 하지만 오늘날에는 지구 온난화 때문에 극지방의 얼음이 빠르게 녹고 있어요.

빙하
쌓인 눈이 짓눌려 변한 큰 얼음 덩어리가 산비탈이나 계곡을 따라 천천히 강처럼 흐르는 것.

대가 물에 잠기게 돼요. 그러면 집을 잃은 사람들은 다른 곳으로 옮겨가 살 수밖에 없어요.

등골이 오싹해지는 통계

세계 각지에서 자연재해가 점점 더 많이 일어나고 있어요!

	1990년	2003년
자연재해로 인한 사망자 수	5만 3000명	8만 3000명
자연재해 발생 건수	261건	337건

과학자들은 태풍이나 가뭄, 홍수, 이상 고온, 산불 같은 자연재해가 점점 더 늘어나는 이유 중 하나로 지구 온난화를 꼽아요.

• 자료 출처: 재해 경감을 위한 국제 전략 기구, 2004

지구 온난화를 일으키는 주범은 누구?

지구 온난화를 일으키는 범인은 대기 중에 들어 있는 몇몇 기체예요. 이 기체들은 지구에서 우주 공간으로 빠져나가는 열을 붙들어 지구를 따뜻하게 해 주어요. 그 덕분에 지구는 생물이 살아가기에 적당한 기온을 유지할 수 있어요. 만약에 열이 모두 우주 공간으로 빠져나간다면, 우리를 비롯해 많은 생물은 얼어 죽고 말 거예요!

이 기체들은 온실 유리처럼 지구를 따뜻하게 하는 역할을 하기 때문에 '온실 기체'라고 불러요.(자연적으로 발생하는 온실 기체는 대부분 자연적으로 흡수되기 때문에 전체적으로 균형을 이루며 순환하고 있어요.)

하지만 대기 중에 온실 기체의 양이 계속해서 많아지면, 더 많은 열이 대기 중에 붙들려 지구의 기온이 더 올라가게 돼요. 바로 지금 이 순간에도 온실 기체의 양이 계속 늘어나고 있어요. 그 말은 곧, 지구의 기온이 계속 올라가고 있다는 거예요!

온실 기체, 너 어디에서 왔니?

자연적으로 생기는 온실 기체 외에 새로 더 늘어난 온실 기체는 대부분 사람들이 활동하며 만들어 낸 것이에요. 온실 기체에는 여러 가지가 있지만, 가장 큰 온실 효과를 발휘하는 것은 바로 이산화탄소(CO_2)예요. 이산화탄소는 우리가 화석 연료(석탄, 석유, 천연가스 등)를 태울 때 생겨나 대기 중으로 들어갑니다.

우리가 생활하는 데 필요한 에너지는 대부분 화석 연료를 태워서 얻고 있어요. 그러니까 결국 우리가 에너지를 사용할 때마다 온실 기체를 대기 중으로 내뿜는 셈이지요.

그렇지만 상황이 나쁘기만 한 건 아니에요. 우리가 노력하기만 하면 지구 온난화를 막을 수 있어요. 이 책은 우리가 하는 모든 일들(먹기, 입기, 사기, 여행하기 등)이 지구 온난화에 어떤 영향을 미치는지 알려 주어요. 그리고 지구 온난화를 막으려면 우리가 무엇을 해야 하는지도 자세히 알려 줍니다.

온실처럼 점점 더 뜨거워지는 지구

여름철에 햇볕이 내리쬐는 곳에 세워 둔 자동차를 탔다가 뜨거운 열기를 느낀 적이 없나요? 자동차 안의 온도는 바깥보다 20°C나 더 높이 올라갈 수 있어요. 왜 이런 일이 일어날까요?

햇빛(주로 가시광선)은 유리를 통과해 차 안의 물체를 가열해요. 이렇게 해서 뜨거워진 차 안의 물체도 열을 내보내는데, 그것은 주로 적외선으로 나와요. 그런데 이 적외선은 유리를 통과하지 못해요. 그래서 햇빛은 계속 차 안을 가열하는 반면, 물체에서 나오는 적외선은 밖으로 빠져나가지 못해 차 안의 온도가 계속 높아지는 거예요.

온실이 겨울에도 따뜻한 것은 바로 이런 원리 때문이에요. 그래서 이 효과를 '온실 효과'라고 부르지요. 그런데 대기 중의 일부 기체도 바로 온실 유리처럼 적외선이 지구에서 빠져나가는 것을 막아요. 이 기체들을 '온실 기체'라고 하지요.

대표적인 온실 기체로는 수증기, 이산화탄소, 메탄, 일산화이질소가 있어요. 메탄이나 일산화이질소는 이산화탄소보다 온실 효과가 수십 배 이상 더 크지만, 그 양이 이산화탄소보다 적어 전체적인 효과는 이산화탄소보다 작아요.

이산화탄소가 지구 대기에서 차지하는 양은 얼마나 될까요? 2007년에 측정한 값은 384ppm이에요. 산업 혁명 이전에는 이산화탄소 농도가 200ppm을 넘은 적이 없었고 대체로 일정한 수준을 유지했는데, 200년이 지나기도 전에 그 농도가 두 배 가까이 늘어났어요.

산업 혁명
18세기 중엽부터 19세기까지 영국에서 시작된 기술 혁신과 이로 말미암아 일어난 사회·경제 등의 엄청난 변화를 일컫는다.

등골이 오싹해지는 통계

다음 그래프는 1958년부터 2000년까지 하와이의 마우나로아산 정상에서 측정한 이산화탄소 농도를 보여 줍니다. 이산화탄소 농도가 올라갔다 내려갔다 하면서 그래프가 톱니 모양을 하고 있어요. 그 이유는 계절에 따라 숲이 늘어났다 줄어들었다 하기 때문이에요. 그렇지만 화석 연료의 사용으로 이산화탄소의 농도는 꾸준히 증가하고 있어요.

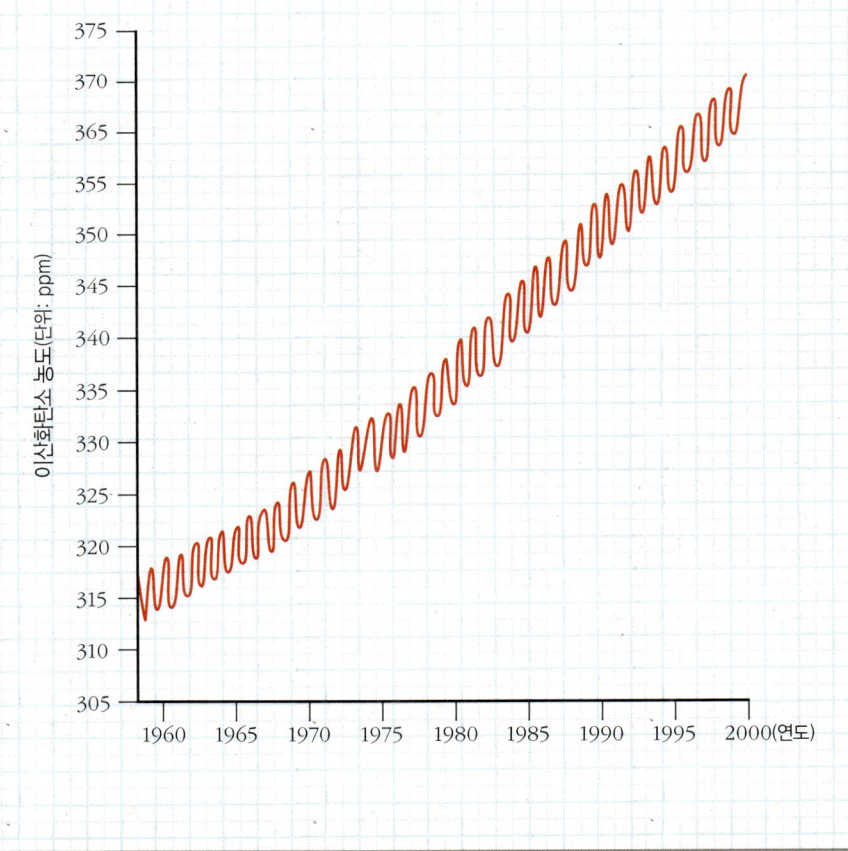

금성이 불지옥으로 변한 까닭은?

지구의 대기에서 이산화탄소의 비율은 겨우 0.0384%밖에 되지 않는데, 이렇게 적은 양의 이산화탄소가 과연 지구 온난화에 큰 영향을 미칠까요? 물론 지구의 평균 기온은 태양 복사의 양을 비롯해 다른 요인에도 영향을 받아요. 그렇지만 이산화탄소의 농도가 높아지면 얼마나 무서운 온실 효과가 나타나는지 보여 주는 사례가 있어요.

바로 우리의 이웃 행성인 금성이 온실 효과 때문에 불지옥처럼 뜨거운 곳으로 변했답니다! 금성은 대기의 97.5%가 이산화탄소로 이루어져 있고, 대기의 밀도도 높아(대기압은 지구의 90배 이상) 온실 효과가 아주 심하게 나타납니다. 그렇다면 금성의 표면 온도는 얼마나 될까요?

무려 500°C나 된답니다! 이것은 납도 녹을 정도로 아주 뜨거운 온도예요.

지구 온난화가 계속되면 어떤 일이 일어날까?

지구 온난화가 계속되면 어떤 일이 일어날지 확실한 것은 아무도 몰라요. 그렇지만 과학자들은 지구 기온이 계속 올라가면 태풍과 허리케인 같은 폭풍이 더 자주 발생하고, 그 힘도 더 세질 거라고 말해요. 그리고 해수면이 높아져서 해안의 낮은 지대가 물에 잠길 거래요.(세계 인구 중 약 70%가 해안 부근에 살고 있고, 세계 15대 도시 중 11개가 해안 지역에 있어요.) 가뭄도 더 자주 일어날 거라고 해요. 많은 곳은 마실 물이나 농작물에 줄 물조차 구하기가 힘들어질 거예요. 가뭄이 심해지면 산불이나 들불도 더 많이 일어나지요.

지구촌 곳곳에서 일어나는 기상 이변

지구 온난화는 단순히 지구의 기온이 조금 더 올라가는 데 그치지 않아요. 지구 온난화 때문에 기상 이변이 더 자주 발생하고, 태풍의 위력도 점점 더 강해지고 있어요. 비교적 최근에 발생한 기상 이변만 해도 관측 기록상 위력이 가장 강했던 엘니뇨★(1997~1998년), 지난 200년 동안 아메리카에서 가장 많은 사상자를 낸 허리케인 미치(1998년), 관측 기록상 가장 더웠고 많은 사상자를 낸 유럽의 폭염(2003년), 미국 역사상 최대의 경제적 피해를 입힌 허리케인 카트리나(2005년) 등이 있어요.

태풍과 허리케인 북아메리카에서는 허리케인의 발생 건수가 점점 늘어나고, 그 위력도 점점 강해지고 있어요. 1998년에 허리케인 미치가 카리브해를 덮쳐 약 1만 1000명이 숨지고, 약 300만 명이 집을 잃거나 다쳤어요. 2005년에는 허리케인 카트리나가 미국의 뉴올리언스를 덮쳐 도시 전체를 완전히 파괴했지요.

우리나라도 2002년에 태풍 루사가 지나갔을 때 246명이 숨지거나 실종되었고, 5조 원이 넘는 어마어마한 재산 피해를 입었어요.

홍수 지구 온난화 때문에 홍수 피해도 늘어나고 있어요. 따뜻한 공기에는 수증기가 많이 들어 있어서 그만큼 비가 많이 내리기 때문이지요. 1960년대에는 전 세계에서 홍수로 피해를 입는 사람이 일 년에 약 700만 명이었는데, 지금은 그 수가 약 1억 5000만 명으로 늘어났어요.

2002년 여름에 우리나라도 불과 2주일 사이에 연간 강수량의 40%에 이르는 많은 비가 쏟아져 어마어마한 피해가 발생했어요. 같은 시기에

엘니뇨
본문 18쪽 내용을 참고하세요.

중국에서는 역사상 유례를 찾기 힘든 큰 홍수가 일어나 1억여 명이 피해를 입었어요.

홍수는 전염병 발생 위험도 높여요. 콜레라는 웅덩이에 고여서 오염된 물 때문에 생기고, 말라리아와 황열병과 뇌염을 옮기는 모기도 그런 물에서 번식해요. 또, 홍수가 나면 쥐와 벼룩과 사람이 모두 함께 높은 지대로 옮겨 가기 때문에 전염병이 발생할 확률이 더 높아져요.

엘니뇨 엘니뇨(El Niño)는 열대 지방의 태평양 해수면 온도가 평소에 비해 0.5℃ 이상 올라간 상태가 5개월 정도 지속되는 현상을 말해요. 엘니뇨는 에스파냐어로 '남자아이'라는 뜻이에요. 특히 크리스마스 직후에 엘니뇨가 자주 나타나곤 해서 '아기 예수'란 뜻을 갖게 되었지요.

엘니뇨가 발생하면, 바닷물이 따뜻해져서 해류의 방향이 평소와 다르게 변할 뿐만 아니라, 증발량이 많아져 태평양 동부에 강수량이 늘어납니다. 그래서 평소에 건조한 페루 사막에 홍수가 일어나고, 반대로 오스트레일리아와 동남아시아 지역에는 가뭄이 닥치지요.

엘니뇨가 한창 기승을 부릴 때에는 지구의 약 3분의 2에 이르는 지역이 가뭄과 홍수를 비롯해 여러 가지 기상 재해의 영향을 받아요. 실제로 1997~1998년에 발생한 엘니뇨 때문에 지구촌 곳곳에서 불이 나 사람들은 그 해를 '세계가 불탄 해'라 부르게 되었지요. 엘니뇨 때문에 지구상의 많은 지역에 심한 가뭄이 몰아쳤는데, 특히 평소에 비가 많이 내리던 동남아시아의 열대 우림 지역이 심한 피해를 입었어요. 건조한 날씨 때문에 발생한 산불과 들불로 약 1000만ha(헥타르★)의 땅이 불탔어요. 또 보르네오섬에서만 네덜란드 전체 면적과 거의 맞먹는 약 500만ha가

헥타르(ha)
넓이의 단위. 1헥타르는 1아르의 100배로 1만 m²입니다.

불에 탔지요.

대기 중에 온실 기체가 증가할수록 엘니뇨 같은 기상 이변이 더 자주 발생할 거예요.

태풍과 허리케인은 무얼 먹고 자랄까?

지구 온난화로 바다의 수온이 올라가면 수증기가 많이 증발합니다. 바로 그 수증기가 태풍과 허리케인을 만들어 내고 움직이는 에너지가 된답니다.

더울 때 우리 몸에서는 땀이 나지요? 땀(물) 1g이 증발할 때, 피부에서 약 580cal(칼로리)★의 열을 빼앗아 갑니다. 그런데 아주 넓은 바다에서 엄청난 양의 물이 증발한다면, 얼마나 많은 에너지가 공기 중으로 옮겨 갈지 한번 상상해 보세요!

또 온도가 10°C 오를 때마다 공기가 머금을 수 있는 수증기의 양은 두 배씩 늘어나요. 따라서 30°C의 물은 10°C의 물보다 4배나 많은 수증기를 머금을 수 있어요. 이 때문에 지구 온난화가 일어나면, 그만큼 태풍과 허리케인의 힘이 강해질 수 있어요.

해수면 상승에 관한 수수께끼

수수께끼를 하나 내 볼까요? 물속에 얼음이 둥둥 떠 있는 컵을 떠올려 보세요. 얼음이 다 녹으면 수면의 높이는 올라갈까요? 아니면 내려갈까요? 얼음이 녹으면 물이 될 테니 그만큼 수면이 올라갈 거라고 생각하기 쉽지만, 실제로는 그렇지 않아요. 수면은 그대로예요. 왜 그럴까요?

지금 그 컵 속에 얼음이 없다고 상상해 보세요. 그러면 얼음이 있을

칼로리(cal)

열량의 단위. 1기압에서 물 1g을 1°C 올리는 데 필요한 열량이 1칼로리이다. 영양학에서 말하는 1칼로리(Cal)는 실제로는 1킬로칼로리(kcal)에 해당해요. 보통 여자 어른은 하루에 약 2000칼로리, 남자 어른은 약 2500칼로리를 섭취해야 합니다.

때보다 수면이 낮겠죠? 얼음을 넣으면 얼음의 부피만큼 물을 밀어내기 때문에 수면이 그만큼 높아져요. 따라서 얼음이 들어 있는 물의 높이는 이미 얼음이 녹은 것만큼의 물의 양이 포함된 것이에요.

이와 마찬가지로 바다 위에 떠 있는 얼음이 녹아도 해수면의 높이는 변하지 않아요. 예컨대 북극해를 뒤덮고 있는 얼음은 바다 위에 떠 있는 얼음이에요. 그러니 북극해의 얼음이 녹아도 해수면은 조금도 올라가지 않아요. 그런데 왜 사람들은 지구 온난화 때문에 얼음이 녹고 해수면이 올라간다고 떠들어 댈까요?

얼음은 바다에만 있는 게 아니기 때문이지요. 높은 산에도 빙하와 눈이 쌓여 있고, 특히 남극 대륙에는 육지 위에 얼음이 평균 1600m 높이로 쌓여 있어요. 이런 얼음이나 눈이 녹은 물이 바다로 흘러가면 당연히 해수면이 높아지지요.

세계 곳곳에서 녹아 가는 얼음

지구 온난화 때문에 지구 곳곳에서 바다 얼음과 빙하와 빙관이 계속 녹고 있어요. 지난 40년 동안 북극 지방의 빙관이 약 40%나 줄어들었어요. 동아프리카에서는 킬리만자로산의 눈과 얼음이 100년 전에 비해 80% 이상 녹았다고 해요. 나머지도 앞으로 수십 년 안에 다 녹을 거라고 해요. 알프스산맥에서도 빙하와 눈이 점점 더 많이 녹고 있어요.

그린란드의 빙관에는 전 세계의 해수면을 약 7m나 상승시킬 수 있는 양의 물이 들어 있어요. 그런데 2002년에 그린란드의 빙관은 관측을 시작한 이래 최대 규모인 약 100만km²나 줄어들었어요. 그린란드의 빙하도 이전에 예상한 것보다 10배나 더 빨리 녹고 있는 것으로 밝혀졌어요.

빙관
산 정상이나 고원을 돔 모양으로 덮고 있는 얼음.

남극 대륙에서도 거대한 얼음덩어리가 떨어져 나와 바다로 흘러드는 일이 계속 일어나고 있어요.

물속으로 잠기고 있는 나라들

해수면이 올라가면 낮은 지역은 물속으로 잠기고 말아요. 전 세계에서 많은 주민이 해안 근처에 살고 있기 때문에, 해안 지역이 물에 잠기면 삶의 터전을 다른 곳으로 옮겨야만 해요.

해수면 상승으로 가장 큰 위험에 처한 나라는 서남태평양의 투발루예요. 투발루는 산호섬 4개와 환초(고리 모양의 산호초) 5개로 이루어진 나라인데, 이 섬들은 가장 높은 곳도 해수면보다 겨우 4.5m밖에 높지 않을 정도로 지대가 낮아요. 그래서 해수면이 상승하거나 해일이 몰아닥치면 나라 전체가 물속에 잠길 수 있어요. 지구 온난화 때문에 앞으로 100년 안에 해수면이 20~40cm 높아질 것으로 예상되는데, 그렇게 되면 투발루에서는 더 이상 사람이 살 수 없을 거예요.

실제로 투발루는 2001년에 해수면 상승 때문에 국토 포기를 선언했고, 그 뒤에 수도 푸나푸티마저 물에 잠기는 바람에 수도를 옮겨야 했어요. 앞으로 주민들은 다른 나라로 이주해야 할 거예요.

해수면 상승의 또 다른 원인

많은 사람들은 빙하와 빙관이 녹은 물이 바다로 흘러들어 가는 것이 해수면 상승의 직접적 원인이라고 생각해요. 그런데 그에 못지않게 중요한 원인이 또 있어요. 온도가 올라가면 물이 팽창하여 부피가 늘어나는데, 20세기에 일어난 해수면 상승도 바로 이 물의 팽창이 큰 몫을 담당

'몰디브'도 물에 잠기고 있어요!

여러분의 집이 2주일마다 한 번씩 바닷물에 잠긴다고 상상해 보세요! 1200여 개의 산호섬으로 이루어진 인도양의 몰디브에서 바로 이런 일이 일어나고 있어요. 몰디브의 전체 육지 면적 중 약 80%는 해발 고도가 1m 미만이에요. 즉, 해수면 위로 솟아 있는 땅의 높이가 1m도 채 안 된다는 이야기지요. 만약 현재의 흐름대로 지구 온난화가 계속된다면, 몰디브는 100년 안에 전 국토가 물 속에 잠기고 말 거예요.

했어요. 과학자들은 이러한 바닷물의 팽창 때문에 앞으로 500년 사이에 일어날 해수면 상승을 0.5~2m 정도로 예상해요.

지구 온난화를 멈추려면 어떻게 해야 할까?

현재 세계 인구는 약 80억 명인데, 계속 늘어나고 있어요. 그래서 지구 온난화가 다른 사람들 때문에 일어나는 게 아닐까 하고 생각하기 쉬워요. 그렇지만 사실은 우리 모두에게 책임이 있어요. 우리가 하는 행동은 모두 마치 발자국처럼 지구에 흔적을 남겨요. 거실의 형광등을 켜거나 자동차를 타는 것을 비롯해 우리가 하는 모든 행동에서 이산화탄소가 나와 대기 중으로 흘러 들어가는 거지요. 이런 행동을 많이 할수록 우리가 남기는 탄소 발자국은 점점 더 깊어져요. 그러니 지구 온난화를 막으려면, 우리의 탄소 발자국을 얕게 하도록 노력해야 해요.

얕은 발자국 또는 깊은 발자국

우리는 지구 온난화가 왜 일어나는지, 어떻게 하면 그것을 막을 수 있는지 다 알고 있어요. 우리가 남기는 탄소 발자국을 얕게 해야 한다는 사실도 잘 알고 있어요. 그렇지만 지금까지 우리는 그렇게 하지 않았어요! 우리의 탄소 발자국은 점점 더 깊어지기만 했어요.

점점 더 깊어지는 탄소 발자국

우리의 탄소 발자국이 점점 더 깊어지는 이유는 크게 두 가지를 꼽을 수 있어요. 하나는 세계 인구가 늘어나는 것이고, 또 하나는 편리함만을 좇는 우리의 생활 방식이에요.

너무 많은 인구 세계 인구는 약 80억 명이나 되는데, 아직도 계속 늘어나고 있어요. 전체 탄소 발자국의 깊이를 지금과 똑같이 유지하려면, 매년 인구가 늘어나는 만큼 모든 사람이 탄소 발자국을 얕게 해야 해요. 그렇지만 지구 온난화를

막으려면 그것만으로는 부족하고, 탄소 발자국을 그것보다 더욱 얕게 해야 합니다.

큰 자동차, 큰 집, 항공 여행 같은 현대인의 생활 방식은 탄소 발자국을 깊게 남겨요.

편리함만을 좇는 생활 방식

부자 나라(선진국)에 사는 사람들이 탄소 발자국을 가장 깊게 남긴다는 사실을 아시나요? 가정마다 냉난방 시설, 텔레비전, 컴퓨터를 비롯해 전기를 많이 소비하는 제품을 많이 쓰기 때문이지요.

게다가 평소에는 휘발유로 달리는 자동차를 타고 다니고, 휴가 때에는 비행기를 타고 외국 여행을 떠나지요. 심지어 식품도 외국에서 수입해 오는 게 많아요. 이 모든 일에는 에너지가 많이 들 수밖에 없고, 그 결과로 깊은 탄소 발자국을 남기게 되지요.

옛날에는 부자보다 가난한 사람이 훨씬 많았어요. 인도와 중국 같은 나라에 살던 보통 사람들은 부자들이 쓰는 사치품은 구경조차 하기 힘들었지요. 그들의 탄소 발자국은 아주 얕았어요.

지금은 인도와 중국 같은 나라들도 경제가 점점 발전하면서 사람들의 생활 수준이 높아지고 있어요. 일반 시민도 외제 자동차와 텔레비전 같은 물건을 살 수 있게 되었죠. 이 때문에 그들의 탄소 발자국도 점점 깊어지고 있어요.

탄소 발자국을 줄이기 위한 노력들

일찍이 세계 여러 나라를 대표하는 기후학자들은 한자리에 모여 지구 온난화에 따른 기후 변화가 얼마나 심각한지, 그리고 앞으로 어떻게 대처해야 하는지에 대해 서로 이야기를 나누었어요. 그래서 그 문제를 현명하게 헤쳐 나가기 위해 1988년에 국제 연합에서 정부 간 기후 변화 위원회(IPCC)라는 협의체를 만들었답니다. 정부 간 기후 변화 위원회는 기후 변화 협약의 실천에 관한 특별 보고서를 작성하는 것이 주요 임무에요. 1990년 이후 5~6년 간격으로 기후 변화 평가 보고서를 발표하고 있어요.

그 뒤 1997년 12월에 세계 각국 지도자들이 일본 교토에 모여 온실 기체 배출을 줄이자고 국제적인 약속을 했어요. 그게 바로 '교토 의정서'랍니다.

교토 의정서는 단순히 "다 함께 지구를 보호하기 위해 온실 기체를 줄입시다!"와 같은 뻔한 구호를 이야기하는 데 그치지 않고, "교토 의정서 가입국 가운데 일부 국가들(선진국과 동유럽권 국가 38개국)이 2012년까지 온실 기체 배출량을 1990년의 5.2% 수준으로 줄여야 한다."라는 구체적인 의무 사항을 내놓았어요. 만약 그만큼 줄이지 못하면 '탄소 배출권'을 외국에서 사야 한답니다.

탄소 배출권이 뭐냐고요? 말 그대로 이산화탄소를 배출할 수 있는 권리를 뜻해요. 온실 기체를 줄이는 계획을 실천에 옮기면 온실 기체가 줄어든 양만큼 국제 연합에서 탄소 배출권을 인정해 주어요. 이러한 탄소 배출권은 필요한 나라에 돈을 받고 팔 수도 있어요.

등골이 오싹해지는 통계

우리나라는 1990년대 이후 제조업* 중심의 경제 성장으로 말미암아 이산화탄소 배출량이 두 배가량 빠르게 늘었어요.
(1990년~2005년 동안 99% 증가, OECD 국가 중 1위)

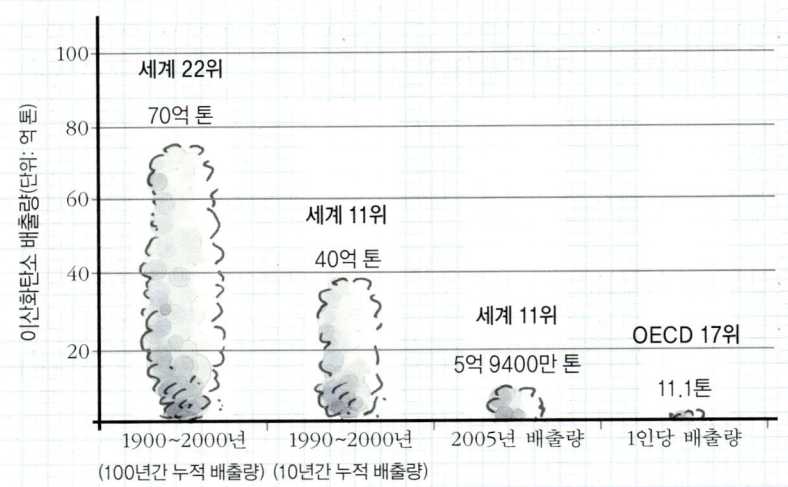

우리나라의 온실 기체 배출량 세계 순위

*제조업: 물품을 대량으로 만드는 사업.
• 자료 출처: 대통령 직속 녹색 성장 위원회

다음 그래프는 일곱 나라의 2006년도 1인당 탄소 배출량을 보여 주어요. 그리고 그 아래에 적힌 숫자는 1996년부터 2006년 사이에 1인당 탄소 배출량이 얼마나 늘었는지 또는 줄었는지 보여 줍니다.

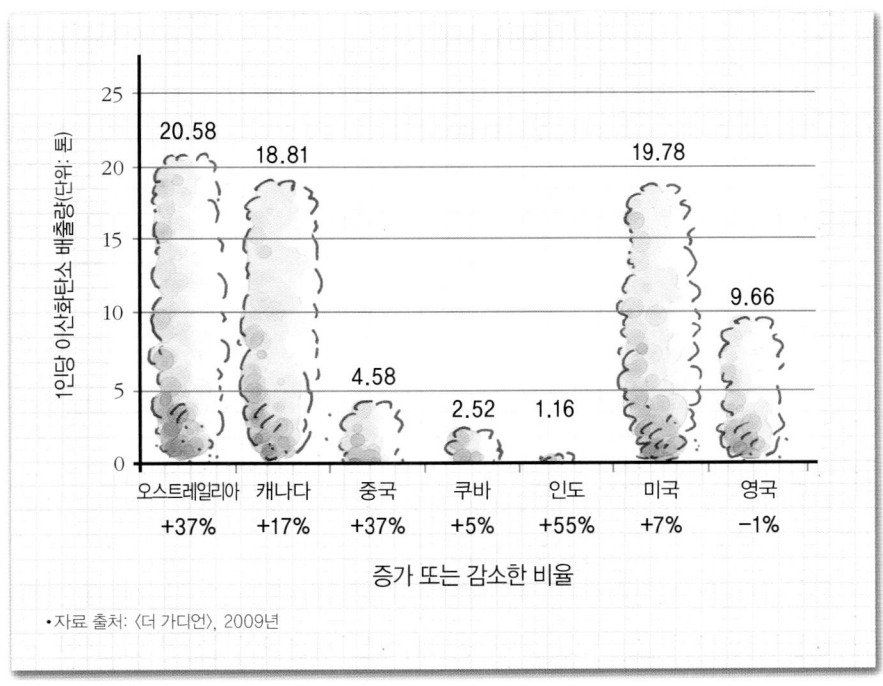

얕은 발자국 또는 깊은 발자국

화석 연료와 대체 에너지원

우리는 평소에 얼마나 많은 에너지원을 쓸까요? 음식을 조리할 때에는 천연가스를, 버스나 자가용 등을 이용할 때에는 석유를, 컴퓨터를 사용할 때에는 전기를 씁니다. 우리가 쓰는 에너지는 탄소 발자국과 깊은 관련이 있어요. 에너지를 많이 쓸수록 탄소 발자국은 더 깊어져요.

 Test yourself!

여러분은 일주일 동안 전기 제품을 얼마나 자주 쓰나요? 매일 전기 제품을 쓰거나 충전하는 시간을 기록해 보세요.

❶ 인터넷을 하기 위해 데스크톱 컴퓨터나 노트북 컴퓨터를 켠 시간.
❷ 음악 파일을 다운로드하거나 듣기 위해 아이팟이나 MP3 플레이어를 켠 시간.
❸ 휴대 전화를 사용한 시간.(특히 스마트폰은 에너지를 많이 소비해요.)
❹ 스테레오, 아이팟 도킹 스테이션, 텔레비전이나 DVD 플레이어를 켠 시간.

일주일이 지난 뒤에 전기 제품을 사용한 시간을 모두 더해 보세요. 그 시간이 길수록 그만큼 더 깊은 탄소 발자국을 남긴 거예요!

우리가 쓰는 에너지는 어디서 나올까?

부자 나라(선진국)에서 주로 쓰는 에너지원은 석탄, 석유, 천연가스, 전기예요. 그런데 이 에너지원들은 모두 환경에 해로워요. 특히 많은 사람들이 '깨끗한' 연료라고 생각하는 전기도 환경을 해쳐요.

전기 전기를 쓸 때에는 이산화탄소가 나오지 않지만, 그렇다고 우리가 쓰는 전기가 '깨끗한' 에너지는 아니에요. 전기는 대개 화석 연료(주로 석탄과 석유)를 태워서 만들기 때문이지요.

전기 자동차를 타고 달리면, 전기 자동차 자체에서는 오염 물질이 거의 나오지 않아요. 그렇지만 전기 자동차를 달리게 하는 전기는 어디서 나올까요? 그 전기를 만들려면 화석 연료를 태워야 하는데, 그 과정에서 오염 물질이 나와요. 이처럼 깨끗한 에너지처럼 보이는 전기도 알고 보면 생산 과정에서 탄소를 많이 배출해요.

전기는 수력이나 풍력, 태양 에너지, 지열처럼 오염 물질이 거의 나오지 않는 에너지원을 써서 만들 수도 있어요. 많은 사람은 이런 방법으로 전기를 더 많이 만들길 바라지요.

지열
뜨거운 암석, 열수, 증기 등의 형태로 지구의 내부에 저장돼 있는 열. 지열을 잘 이용하면 집이나 건물을 난방하거나 발전도 할 수 있어요.

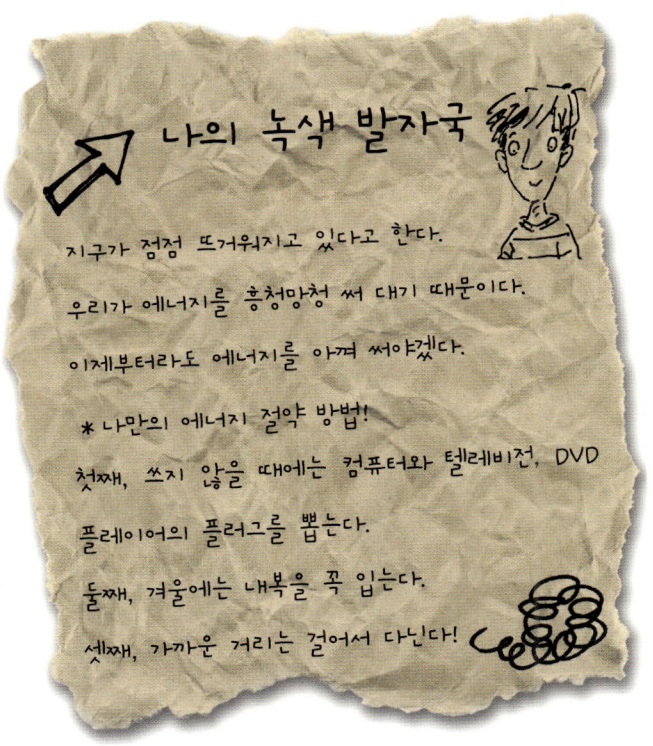

나의 녹색 발자국

지구가 점점 뜨거워지고 있다고 한다.
우리가 에너지를 흥청망청 써 대기 때문이다.
이제부터라도 에너지를 아껴 써야겠다.

* 나만의 에너지 절약 방법!
첫째, 쓰지 않을 때에는 컴퓨터와 텔레비전, DVD 플레이어의 플러그를 뽑는다.
둘째, 겨울에는 내복을 꼭 입는다.
셋째, 가까운 거리는 걸어서 다닌다!

석탄, 석유, 천연가스 이런 연료들을 화석 연료라고 불러요. 먼 옛날에 죽은 동물이나 식물이 변해서 생긴 연료이기 때문이지요. 화석 연료는 대부분 수백만 년 이상 땅속에 묻혀 있었어요. 화석 연료에 들어 있는 탄소는 그 오랜 시간 동안 대기에 아무런 영향도 미치지 않은 채 안전하게 저장돼 있었어요. 그렇지만 화석 연료를 태우면, 그 속에 들어 있던 탄소가 온실 기체인 이산화탄소로 변해 대기 중으로 들어가 지구 온난화를 일으켜요.

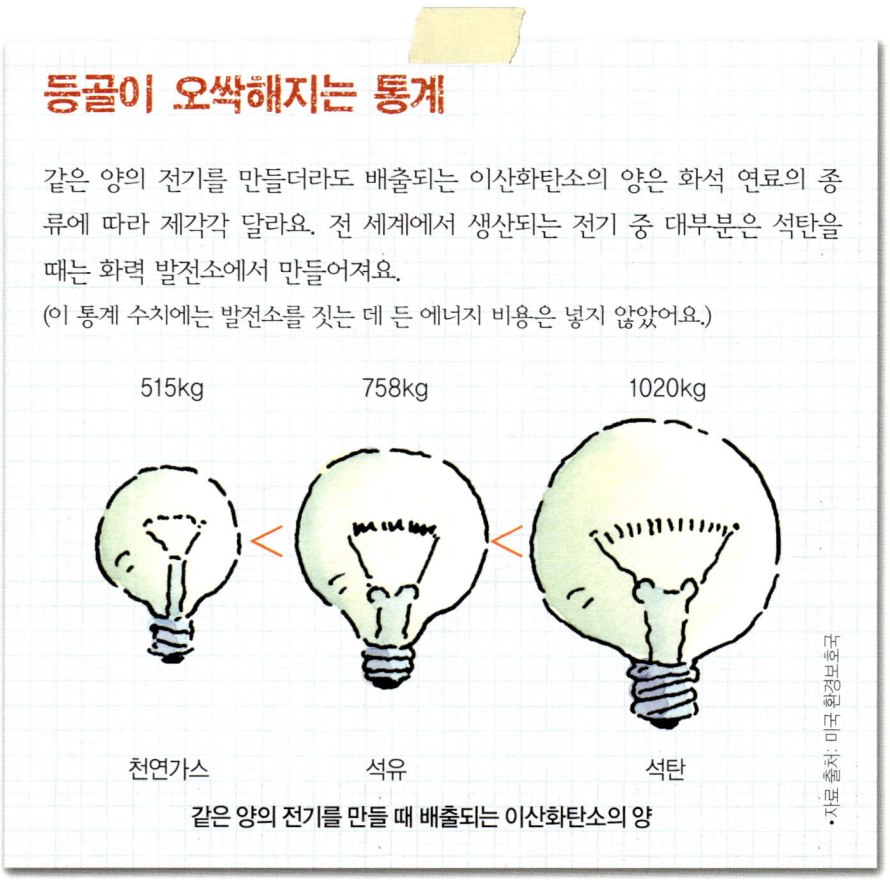

등골이 오싹해지는 통계

같은 양의 전기를 만들더라도 배출되는 이산화탄소의 양은 화석 연료의 종류에 따라 제각각 달라요. 전 세계에서 생산되는 전기 중 대부분은 석탄을 때는 화력 발전소에서 만들어져요.
(이 통계 수치에는 발전소를 짓는 데 든 에너지 비용은 넣지 않았어요.)

515kg < 758kg < 1020kg

천연가스　　　석유　　　석탄

같은 양의 전기를 만들 때 배출되는 이산화탄소의 양

• 자료 출처: 미국 환경보호국

화석 연료, 이게 최선일까?

에너지를 꼭 화석 연료에서 얻어야 하는 것은 아니에요. 화석 연료 외에도 다른 대체 연료가 있거든요. 그리고 화석 연료는 언젠가는 고갈되지만, 일부 대체 에너지원은 자연 과정을 통해 끊임없이 보충되기 때문에 거의 영원히 쓸 수 있어요.

수력 흐르는 물의 힘을 이용해 거대한 터빈을 돌림으로써 전기를 얻을 수 있어요. 수력 발전은 댐을 건설해 높은 곳에서 낮은 곳으로 떨어지는 물의 힘을 이용해 터빈을 돌려요. 파도와 조수(밀물과 썰물)의 움직임을 이용해 전기를 만들 수도 있는데, 그런 발전 방식을 각각 '파력 발전'과 '조력 발전'이라고 해요.

지열 땅속 깊은 곳에 있는 뜨거운 열을 난방과 온수, 전기 생산에 이용할 수 있어요. 지표면에 난 틈을 통해 뜨거운 증기나 물이 자연적으로 솟아 나오는 곳도 있어요. 아이슬란드와 뉴질랜드는 그런 곳이 많아 지열을 중요한 에너지원으로 사용하고 있어요.

터빈
높은 압력의 유체(액체나 기체)를 날개바퀴의 날개에 부딪치게 함으로써 회전하는 힘을 얻는 원동기. 발전소에서는 대개 터빈을 돌려 전기를 생산해요.

태양 에너지 태양광 집열판을 이용해 모은 태양 에너지(열 에너지)로 물을 데울 수도 있어요. 또 광전지를 이용하면 태양 에너지를 직접 전기로 바꿀 수 있어요. 햇빛은 광전지 안에서 화학 반응을 일으키면서 전기를 만들어 내요.

광전지(태양 전지)
빛 에너지를 전기 에너지로 바꾸는 장치.

지구 내부에는 엄청나게 많은 지열이 갇혀 있어요. 때로는 일부 지열이 땅을 뚫고 밖으로 솟아 나와요! 지열은 아주 훌륭한 대체 에너지원이에요.

풍력 바람의 힘을 이용해 거대한 프로펠러를 돌림으로써 전기를 만들어 낼 수 있어요. 그렇지만 사람들은 자기네 마을에 거대한 풍력 터빈이 들어서는 걸 원하지 않아요. 그래서 풍력 발전 단지를 지으려고 하면, 주민들이 정부에 직접 항의하거나 거리로 나가 시위를 하곤 해요.

원자력 원자력은 탄소를 거의 배출하지 않으면서 전기를 많이 만들 수 있어요. 그렇지만 원자력은 다른 방법으로 환경을 크게 해쳐요.

우선 원자력 발전소를 짓는 데에는 엄청난 양의 콘크리트가 들어가는데, 콘크리트를 만들고 사용하는 과정에서 많은 양의 이산화탄소가 나와요. 원자력 발전소에서는 방사성 폐기물도 나오는데, 그 독성은 수천 년이 지나도 없어지지 않아요.

현재까지는 전 세계의 에너지 사용량 중 상당 비율을 차지하는 대체 에너지원은 수력뿐이에요.

어떤 사람들은 풍력 터빈이 자연 경관을 해친다고 주장해요. 그렇지만 많은 사람들은 풍력 발전을 아주 좋은 아이디어라고 생각해요.

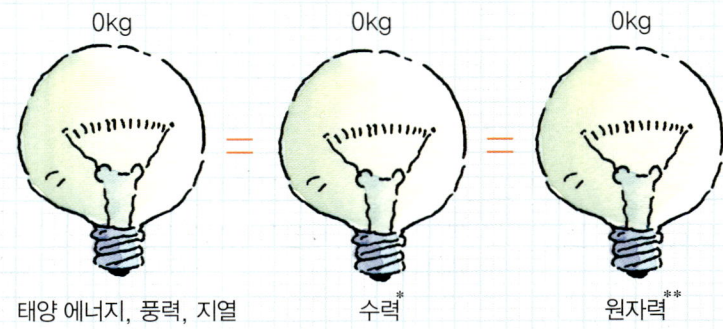

등골이 오싹해지는 통계

같은 양의 전기를 만들더라도, 재생 에너지원을 쓰면 화석 연료를 쓰는 것에 비해 환경에 미치는 영향이 훨씬 작아요. (이 통계 자료에는 발전소를 짓는 데 든 에너지 비용은 넣지 않았어요.)

0kg 태양 에너지, 풍력, 지열 = 0kg 수력* = 0kg 원자력**

같은 양의 전기를 만들 때 발생하는 이산화탄소의 양 (단위: kg)

* 그렇지만 댐 건설로 새로 생겨난 저수지에서 식물이 썩어 가면서 온실 기체인 메탄이 발생할 수 있어요.
** 그렇지만 장기적으로 볼 때 원자력은 환경에 또 다른 문제를 일으켜요.

• 자료 출처: 미국 환경보호국

땔감 연료 가난한 나라에는 전기나 천연가스가 공급되지 않는 집이 많아요. 그래서 많은 사람들은 땔감으로 난방을 하고 요리를 해요. 나무에는 탄소가 저장돼 있기 때문에, 나무를 태우면 탄소가 이산화탄소로 변해 대기 중으로 들어가 지구 온난화를 악화시켜요.

목재
건축이나 가구 따위에 쓰는, 나무로 된 재료.

소중한 나무 연료나 목재를 얻으려고 나무를 베면, 그 나무는 더 이상 대기 중에서 탄소를 흡수해 저장할 수가 없어요. 그렇지만 베어 낸 나무 대신에 새로 나무를 심으면, 나무가 자라면서 이산화탄소를 다시 흡수할 수 있어요. 그러니 이왕이면 나무를 다시 심을 수 있는 장소에 자라는 나무를 베어 내 쓰는 게 좋아요.

햇빛으로도 요리할 수 있어요!

가방 속에서 음식을 익힌다고 상상해 보세요! 인도와 네팔의 더운 지역에 사는 사람들은 전에는 땔감으로 쓰려고 나무를 마구 베어 냈지만, 이제 탄소 발자국을 줄이려고 이런 기발한 방법을 개발했어요.

이 가방은 보통 가방이 아니에요. 이 가방은 금속으로 만든 것으로, 안쪽은 검은색으로 칠해져 있고, 단열이 잘 된답니다. 그리고 안에 있는 두 번째 뚜껑은 유리로 만들어져 있어요. 햇빛이 쨍쨍 비칠 때 이 상자 안의 온도는 100℃까지 올라가 음식을 충분히 익힐 수 있어요.

이 집광형 조리기는 땔감으로 쓰려고 베어 내는 나무를 줄이는 데 큰 도움을 주었답니다.

나무와 지구 온난화와 탄소 순환

나무와 식물은 지구 온난화를 막을 수 있는 든든한 방패나 다름없어요. 나무와 식물은 탄소를 저장하는 창고가 되어 탄소가 대기 중으로 빠져나가지 못하게 하거든요.

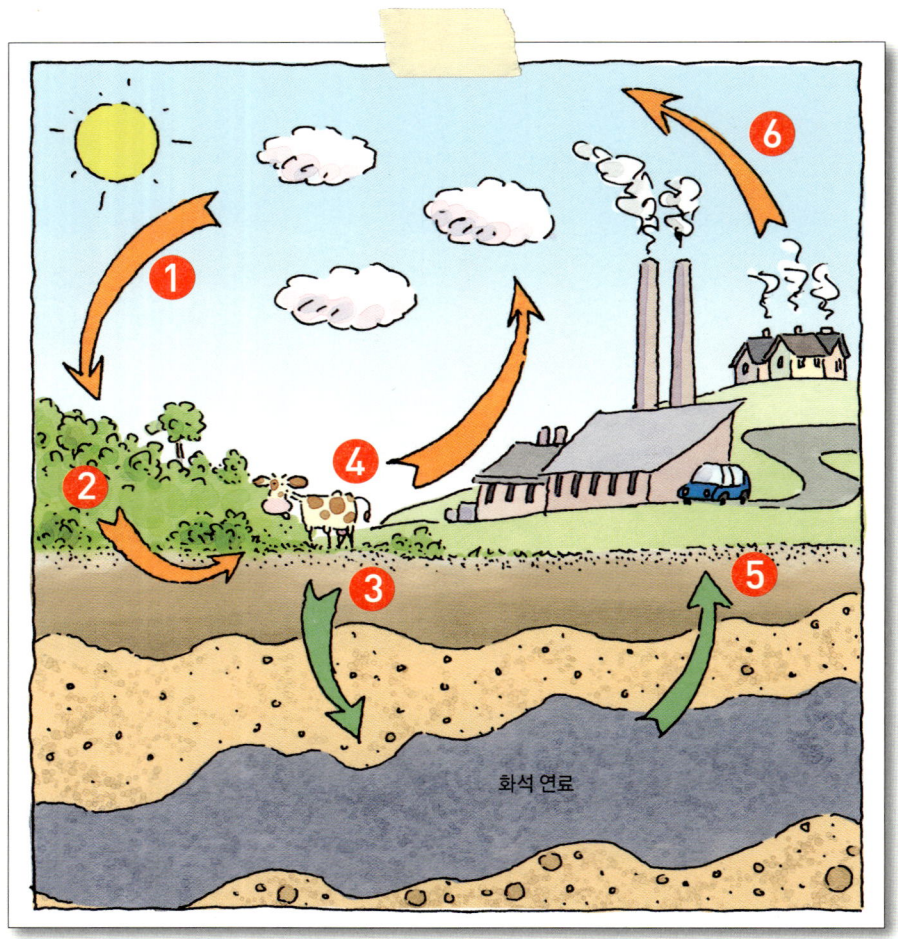

❶ 나무와 식물이 대기 중의 탄소를 흡수해 저장합니다.
❷ 동물이 식물을 먹습니다.
❸ 동물과 식물이 썩어 결국 화석 연료가 됩니다.
❹ 나무가 타거나 동물이 숨을 쉴 때 이산화탄소가 나옵니다.
❺ 화석 연료를 태우면 이산화탄소가 나옵니다.
❻ 대기 중에 이산화탄소의 양이 늘어납니다.

울릉도와 독도가 '녹색 섬'으로?

　우리나라 정부가 2011년부터 울릉도와 독도에서 쓰는 모든 에너지를 지열과 풍력 같은 재생 에너지로 바꿔 세계적인 관광지로 개발한대요. 그 말은 곧 울릉도와 독도를 화석 연료를 전혀 쓰지 않는 섬으로 만든다는 거예요. 저 멀리 덴마크의 '삼쇠섬'처럼 말이에요. 삼쇠섬은 사람이 생활하는 데 쓰는 모든 에너지를 신재생 에너지로 바꾼 유럽 최초의 녹색 섬이랍니다. 덴마크 정부는 1997년에 삼쇠섬을 녹색 섬으로 만들기로 결정했고, 약 10년 만에 그 목표를 이루었다고 합니다.

울릉도에서 바라본 독도의 모습

•자료 출처 : 산업통상자원부

C를 피하면서 A에서 B로 가는 법 (여행)

여기서 C는 바로 탄소를 나타내는 화학 기호예요. 우리가 배출하는 이산화탄소(CO_2) 중 많은 양은 교통수단(특히 버스나 승용차)을 이용할 때 나와요. 따라서 A에서 B로 이동할 때 되도록 C를 대기 중으로 내뿜지 않도록 하는 것이 여러분의 탄소 발자국을 줄이는 첫걸음이 될 수 있어요!

Test yourself!

여러분이 일주일 동안 이용한 교통수단은 몇 가지인가요? 각각의 교통수단을 몇 번이나 이용했는지 기록해 보세요.

❶ 한두 명만 탄 승용차 ❷ 좌석을 꽉 채운 승용차 ❸ 버스나 전철, 기차 ❹ 자전거나 걸어서

1번은 3점, 2번은 2점, 3번은 1점, 4번은 0점이에요. 일주일이 지날 때마다 일주일 동안 얻은 점수를 전부 더해 보세요. 여러분이 교통수단을 이용하면서 남긴 탄소 발자국을 추적하는 데 도움이 될 거예요.

탄소 발자국을 걱정한다면 자가용 비행기는 등교하거나 하교하기에 좋은 교통수단이 아니에요.

탄소 바퀴를 꾸는 자동차

승용차는 환경에 깊은 타이어 자국을 남깁니다. 지구 온난화를 막고 싶다면, 되도록 승용차를 이용하지 말아야 해요. 승용차는 환경에 아주 나쁜 교통수단이에요.(승용차보다 더 나쁜 것은 자가용 비행기예요. 그렇지만 자가용 비행기를 타고 등교하거나 하교하는 학생은 거의 없겠지요?)

자동차는 대부분 석유로 만든 휘발유나 경유를 연료로 사용해요. 그리고 1km를 달릴 때마다 많은 양의 이산화탄소를 대기 중으로 뿜어내지요. 일부 도시에서는 자동차가 뿜어내는 이산화탄소가 너무 많아 스모그(smog)가 자주 발생해요. 스모그는 연기(smoke)와 안개(fog)라는 영어 단어가 합쳐진 말로, 자동차 배기가스나 공장에서 나오는 대기 오염 물질 때문에 생겨요.

많은 승용차는 한두 명만 태운 채 달려요. 승용차가 1km를 달릴 때마다 이산화탄소를 170g씩 내뿜는다고 해 보아요. 승용차에 두 사람이 탔다면 한 사람이 1km를 여행할 때마다 탄소를 85g씩 내뿜은 셈이에요. 그렇지만 그 승용차에 다섯 사람이 탄다면, 한 사람당 탄소 배출량은 34g으로 줄어들어요.

그렇다면 버스가 더 나을까?

버스는 승용차보다 더 큰 엔진을 쓰고, 출발하거나 멈출 때에도 더 큰 힘이 필요해요. 그래서 승용차보다 연료를 더 많이 태워요.

만약 여행 거리가 20km 미만이고, 소형 승용차에 두 사람 이상이 타고 간다면, 버스보다 한 사람당 탄소 배출량이 더 적을 수 있어요. 그렇지만 중형 이상의 승용차를 타고 간다면, 항상 버스보다 탄소 배출량이 더 많아요.

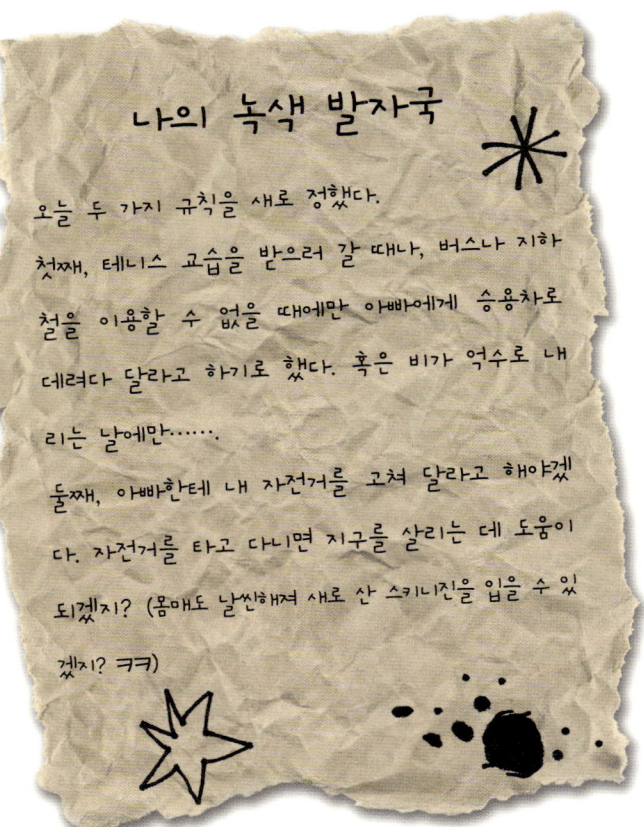

나의 녹색 발자국

오늘 두 가지 규칙을 새로 정했다.

첫째, 테니스 교습을 받으러 갈 때나, 버스나 지하철을 이용할 수 없을 때에만 아빠에게 승용차로 데려다 달라고 하기로 했다. 혹은 비가 억수로 내리는 날에만……

둘째, 아빠한테 내 자전거를 고쳐 달라고 해야겠다. 자전거를 타고 다니면 지구를 살리는 데 도움이 되겠지? (몸매도 날씬해져 새로 산 스키니진을 입을 수 있겠지? ㅋㅋ)

가장 착한 대중교통, 전철과 기차

전철과 기차는 승용차나 버스보다 km당 탄소 배출량이 훨씬 많아요. 그렇지만 승객을 훨씬 많이 태우고 달리기 때문에, 한 사람당 탄소 배출량을 따지면 훨씬 적어요.(물론 텅 빈 채로 달리면 안 되겠지요!)

휴가 여행 계획 세우기

많은 사람들은 휴가 때 멀리 여행을 떠납니다. 그런데 탄소 발자국을 걱정하는 사람이라면 어떤 여행 방법을 택할까요?

자전거로도 멀리 여행할 수 있습니다. 영국의 제임스 보소프(James Bowthorpe)라는 사람은 자전거를 타고 176일 만에 세계 일

뭐니 뭐니 해도 자전거 여행이 최고지. 환경에도 좋을 뿐더러 몸도 더 건강해지니까.

주에 성공했어요! 그렇지만 보통 사람들은 대부분 연료를 소비하는 교통수단을 이용하기 때문에 탄소를 배출하게 되어요.

만약 왕복 1000km 거리를 여행해야 한다면, 어떻게 여행하는 게 최선일까요? 여러 가지 방법을 살펴보기로 해요.

선택 1. 승용차

3명이 탄 소형 승용차, 1인당 이산화탄소 배출량: 42.5kg
3명이 탄 대형 승용차, 1인당 이산화탄소 배출량: 85.8kg

탄소 발자국을 남길까 봐 걱정한다면, 승용차로 장거리 여행을 떠나는 것은 결코 좋은 방법이 아니에요. 짧은 거리를 승용차로 이동하는 것과 정확하게 똑같은 방식으로 이산화탄소를 공기 중으로 뿜어내니까요. 꼭 승용차를 타고 가야 한다면, 연비가 높은 소형 승용차에 되도록 많은 사람이 함께 타고 가는 게 좋아요.

연비

자동차가 단위 연료로 달릴 수 있는 거리를 비율로 나타낸 것. 예를 들어 어떤 자동차는 휘발유 1L로 10km도 채 못 달리지만, 연비가 좋은 자동차는 16km 이상 달릴 수 있어요. 연비가 좋은 자동차는 같은 거리를 달리는 데 연료를 덜 쓰기 때문에 이산화탄소도 그만큼 덜 배출합니다.

선택 2. 비행기

1인당 이산화탄소 배출량: 171.0kg

제트 여객기가 하늘을 날려면 연료를 아주 많이 태워야 하기 때문에 많은 양의 이산화탄소가 나오지요. 그뿐만이 아니에요. 비행기가 높은 상공에서 이산화탄소를 뿜어내는 것도 큰 문제예요. 왜냐하면, 온실 기체가 지구 온난화에 가장 크게 영향을 미치는 곳이 이곳인데, 이산화탄소가 곧바로 이곳의 다른 온실 기체들과 섞이면서 그 효과를 높이기 때문이지요.

선택 3. 기차나 버스

기차, 1인당 이산화탄소 배출량: 57.7kg
버스, 1인당 이산화탄소 배출량: 30.0kg

많은 사람들은 이 수치를 보고 깜짝 놀랄 거예요. 장거리 여행을 하는 데에는 기차보다 버스가 환경에 더 이로울 수 있어요.

식품 1

식탁 위의 탄소 발자국

우리는 하루에 세 끼, 또는 그보다 더 자주 무언가를 먹어요. 그런데 우리가 먹는 식품에도 탄소 비용이 포함돼 있다는 사실을 아시나요?

식품을 기른 장소와 기른 방법, 식품이 우리에게 오기까지의 과정 등은 모두 우리의 탄소 발자국에 큰 영향을 끼쳐요. 그나마 다행인 건, 우리의 선택에 따라 이 모든 과정의 매 단계에서 발생하는 탄소 발자국을 줄일 수 있다는 거예요.

식품 생산에 드는 탄소 비용

식품이 우리의 탄소 발자국에 영향을 미치는 방법은 여러 가지가 있는데, 첫 번째는 바로 그 식품을 기르는 방식이에요. 많은 식품은 화학 비

료를 사용해 길러요. 화학 비료는 식물을 더 빨리 그리고 잘 자라게 하기 때문에, 식량을 많이 생산하는 데 도움을 주어요.

비료가 환경에 미치는 영향

비료를 만드려면 에너지가 많이 필요해요. 그리고 비료를 사용하고 나면 일산화이질소(N_2O)와 메탄(CH_4) 같은 온실 기체가 나와요. 또 농작물에 뿌린 비료는 빗물에 씻겨 강물로 흘러들어 갑니다. 그러면 강물에 사는 수초가 빨리 자라 온 강을 뒤덮어 버리지요. 이런 식물들이 죽으면 온실 기체인 메탄이 나와요.

비료
토지의 생산력을 높이고 식물을 잘 자라게 하기 위해 경작지에 뿌리는 영양물질. 비료는 퇴비 같은 천연 비료와 공장에서 인공적으로 만든 화학 비료가 있어요.

농경지 근처에 있는 호수와 강은 수초로 뒤덮이는 일이 많아요. 농경지에서 씻겨 내려온 비료 때문이지요.

농사를 짓는 데 왜 비료를 쓸까?

앞서 잠깐 이야기했지만, 비료를 쓰는 이유는 크게 세 가지를 꼽을 수 있어요.

식량 증산   지난 50년 사이에 세계 인구는 약 두 배로 늘어났어요. 이렇게 늘어난 사람들을 모두 먹여 살리려면 식량이 그만큼 더 필요해요! 비료는 식량을 더 많이 생산할 수 있게 함으로써 이 문제를 해결하는 데 도움을 주어요.

토지 부족   늘어난 사람들이 살려면 땅도 그만큼 더 필요해요. 그러다 보니 농사를 지을 땅이 부족해지지요. 비료는 같은 면적의 땅에서 식량을 더 많이 생산하도록 함으로써 토지 부족 문제를 해결하는 데 도움을 주어요.

값싼 농산물 공급   비료를 쓰면 농산물을 생산하는 데 드는 비용이 덜 들어요. 부자 나라 사람들은 가게나 슈퍼마켓에서 값싼 농산물을 사길 바라기 때문에, 농부들은 비료를 사용하지 않을 수 없어요.

우리가 먹는 식품은 어디서 올까?

옛날에는 식품의 원재료인 농산물이나 가축을 소비자와 그리 멀지 않은 곳에서 길렀어요. 거리가 멀면 운반하는 동안 식품이 썩기 때문이었지요. 그렇지만 지금은 냉장 방법과 빠른 운송 수단 덕분에 아주 먼 거리에서도 식품을 날라 올 수 있어요. 그런데 우리가 여행하는 방법과 마

가축
집에서 기르는 짐승. 소, 말, 돼지, 닭, 개 등이 있어요.

찬가지로 식품 운송 방법도 어떤 것은 다른 것보다 환경에 더 나쁜 영향을 미쳐요.

식품 운송에 드는 탄소 비용

슈퍼마켓에서 산 과일이나 야채의 라벨을 보면 원산지가 적혀 있어요. 이것은 우리의 탄소 발자국에 큰 영향을 미치는 요소예요. 식품을 살 때에는 그것이 어디에서 왔는지, 그리고 어떻게 운반되었는지를 꼼꼼히 따져 보세요.

장거리 식품 외국에서 수입된 식품은 배나 비행기로 운반됩니다. 그리고 마지막 단계에서는 트럭에 실려 가게나 슈퍼마켓에 도착하지요. 비행기로 식품을 나르려면 운송비가 많이 들기 때문에, 대개 신선한 종류만 비행기로 실어 나릅니다.

쉽게 썩거나 변하지 않는 식품은 배로 운반해요. 배는 비행기보다 시간은 많이 걸리지만 운송비가 훨씬 싸거든요. 따라서 먼 나라에서 온 신선한 식품은 다른 식품보다 우리의 탄소 발자국을 더 깊게 해요.

단거리 식품 가까운 곳에서 생산된 식품은 대개 화물 자동차로 운반합니다. 화물 자동차도 이산화탄소를 많이 내뿜기 때문에 이것 역시 환경에 좋은 방법은 아니에요. 그렇지만 운송 거리가 짧기 때문에, 가까이에서 생산된 식품을 구입하면 환경에 미치는 해를 최소한으로 줄일 수 있어요.

제철 식품 제철 식품은 일 년 중 어느 시기에 자연적으로 자란 식품을 말해요. 토마토는 자연 상태에서는 여름철에 익어요. 이렇게 우리가 사는 곳 부근에서 제철에 생산된 토마토를 먹으면, 탄소 발자국이 거의

라벨
종이나 천에 상표나 품명 따위를 인쇄하여 상품에 붙여 놓은 조각.

남지 않아요. 그렇지만 제철이 아닌 식품을 먹으면(예컨대 2월에 온실에서 재배한 토마토를 먹으면), 탄소 발자국이 깊어져요. 그 이유가 뭐냐고요?

첫째, 제철이 아닌 식품은 먼 곳(대개 외국)에서 제철에 난 식품을 실어 오는 경우가 많아요. 따라서 운송 과정에서 이산화탄소를 많이 내뿜게 되지요.

둘째, 그렇지 않으면 난방 연료를 쓰는 온실처럼 인공 환경에서 재배해야 해요. 난방을 하려면 연료를 써야 하고, 그 과정에서 이산화탄소가 나오지요.

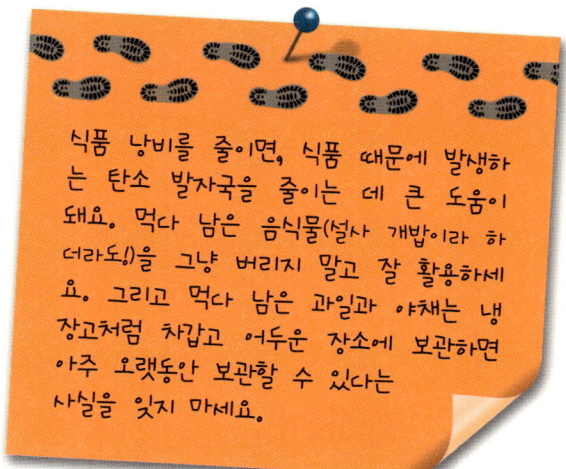

식품 낭비를 줄이면, 식품 때문에 발생하는 탄소 발자국을 줄이는 데 큰 도움이 돼요. 먹다 남은 음식물(설사 개밥이라 하더라도!)을 그냥 버리지 말고 잘 활용하세요. 그리고 먹다 남은 과일과 야채는 냉장고처럼 차갑고 어두운 장소에 보관하면 아주 오랫동안 보관할 수 있다는 사실을 잊지 마세요.

인기 있는 유기농 식품

유기농 식품 운동은 현대 식품 산업이 안고 있는 문제 때문에 시작되었어요. 유기농은 인공 비료나 농약을 사용하지 않고 농사를 짓는 방법이에요. 이렇게 재배한 유기농 식품은 1990년대부터 점점 큰 인기를 끌어 사람들이 계속해서 많이 찾고 있어요.

유기농 식품을 먹으면 좋은 이유

유기농과 유기농 식품은 여러 가지 이점이 있어요. 그중 세 가지만 꼽아 볼게요.

유기농을 하는 농부는
자신이 기른 농산물에 자부심을 느껴요.

첫째, 유기농 식품을 사려는 사람들은 대개 자신이 사는 곳 근처에서 기른 식품을 원합니다. 그러면 식품을 운송하는 거리가 짧아 탄소 발자국도 그만큼 줄어들어요.

둘째, 재래식 농사 방식은 토양에 들어 있는 탄소를 나오게 하는 반면, 유기농은 토양 속의 탄소를 그대로 보존합니다. 탄소가 토양 속에 그대로 머물러 있으면, 대기 중으로 나와 지구 온난화를 일으키는 일이 없겠지요?

셋째, 화학 비료나 농약을 쓰지 않고 기른 유기농 식품은 우리의 건강에도 아주 좋아요.

※ 나의 녹색 발자국

땅 위에서 자라는 농산물(배추, 상추, 고추 등)은 땅속에서 자라는 농산물(감자, 고구마, 토란 등)보다 농약에 영향을 더 많이 받는다고 한다. 앞으로 엄마와 함께 장을 볼 때, 땅 위에서 자라는 농산물만큼은 꼭 유기농을 사기로 결심했다.

유기농 식품을 파는 곳은 어딜까?

유기농 식품을 구입할 수 있는 방법은 크게 세 가지가 있어요.

농산물 직거래 장터 농산물 직거래 장터에서는 농부가 직접 기른 농산물을 가져와서 팔아요. 그래서 어떤 농산물이 어디서 어떻게 재배되었는지 눈으로 직접 보고 확인할 수 있어 유기농 식품을 구입하기에 아주 좋은 곳이지요. 가끔씩 아파트 단지 안에서도 농산물 직거래 장터가 열리곤 한답니다.

산지 직거래 배달 농부가 직접 기른 농산물을 여러분의 집으로 곧장 배달하는 방법도 있어요. 또는 여러 장소에서 생산된 유기농 농산물을 한곳에 모았다가 함께 배달하는 방법도 있는데, 이렇게 하면 운송 거리가 늘어나서 이산화탄소를 더 많이 배출해요. 주로 인터넷 카페나 텔레비전 홈쇼핑 방송을 통해 산지 농산물을 살 수 있어요.

슈퍼마켓이나 할인 매장 슈퍼마켓이나 할인 매장은 되도록 값싼 농산물을 구입하려고 해요. 예컨대 가까운 곳에서 기른 것보다 값이 싸다는 이유로 유기농 상추를 수천 km나 떨어진 곳에서 가져올 수도 있어요. 따라서 슈퍼마켓이나 할인 매장에서 파는 식품은 탄소 비용이 아주 많이 들어요.

비행기로 운송해 온 유기농 식품은 근처에서 재배한 것에 비해 훨씬 깊은 탄소 발자국을 남겨요.

유기농은 다 좋은 것일까?

환경을 생각할 때, 유기농은 여러 가지 이점이 있어요. 우선 주변 환경에 해를 덜 끼치고, 생태계를 보존하는 데에도 훨씬 나아요. 유기농은 재래식 농사 방법에 비해 에너지도 덜 쓰고, 오염 물질도 덜 나와요.

등골이 오싹해지는 통계

미국의 로데일 연구소가 2008년에 한 연구에 따르면, 전 세계의 모든 농경지(면적 약 14억 ha)에서 유기농 방식으로 농사를 짓는다면, 현재 탄소 배출량의 40%를 땅 속에 묻을 수 있다고 해요.

게다가 유기농을 하는 농지는 그렇지 않은 농지보다 토양 속에 탄소가 더 많이 남아 있어요. 미국 과학자들의 연구 결과에 따르면, 유기농은 지구 온난화를 막는 최선의 방법 중 하나라고 해요.

그렇지만 단점도 있어요. 무엇보다도, 화학 비료를 써서 농사를 지었을 때보다 단위 면적당 수확량이 적어요. 그래서 유기농 방식으로만 농사를 짓는다면, 전 세계 사람들을 모두 먹여 살리기가 어려워질 수도 있어요.

식품 포장에 드는 탄소 비용

여러분은 식품을 먹기 전에 포장을 벗기는 데 시간이 얼마나 걸리나요? 어떤 식품은 종이와 비닐, 판지 등으로 겹겹이 포장돼 있어요. 우리가 구입하는 제품에 쓰인 포장 재료의 양과 그것을 처리하는 방식도 우리의 탄소 발자국에 큰 영향을 미쳐요.

생태계
어느 장소와 그 환경, 그리고 그곳에서 서로 의존하여 살아가는 모든 생물을 포함하여 일컫는 말. 예를 들면, 연못과 거기에 사는 물고기, 식물, 곤충을 비롯해 모든 생물이 그곳의 연못 생태계를 이루어요.

포장
물건을 싸는 일. 또는 물건을 싸는 데 쓰는 천이나 종이.

포장 재료는 무엇으로 만들까?

식품의 포장 재료는 대개 다음 세 가지 중 하나로 만들어요.

종이 종이와 판지는 나무로 만들어요. 나무는 공기 중에서 이산화탄소를 흡수하는데, 나무를 베어 내면 그만큼 탄소 발자국이 더 깊어져요.

플라스틱 셀로판지를 포함해 플라스틱은 석유를 원료로 해서 만드는데, 플라스틱을 만들거나 처리하는 과정에서 온실 기체가 나와요. 따라

서 플라스틱 포장 재료를 많이 사용할수록 여러분의 탄소 발자국은 더 깊어져요. 우리나라를 비롯해 여러 나라에서는 플라스틱 포장 재료 사용을 줄이려고 비닐봉지를 사용할 때마다 세금을 매기는 제도를 시행하고 있어요.

금속 깡통이나 알루미늄박처럼 금속을 재료로 만든 것도 있어요. 금속 광석을 캐내서 포장 재료로 만드는 과정에서는 온실 기체가 많이 나와요. 그래서 많은 나라에서는 금속 포장 재료를 덜 쓰게 하려고 여러 가지 노력을 기울인답니다.

포장 재료를 줄이려면 어떻게 해야 할까?

포장 재료 때문에 생기는 탄소 발자국을 줄이는 최선의 방법은 포장을 덜 하는 것이에요!

물론 일부 제품은 어쩔 수 없이 포장을 할 수밖에 없지만, 굳이 포장하지 않아도 되는 제품도 많아요. 그렇다면 우리가 실천할 수 있는 방법은 어떤 게 있을까요?

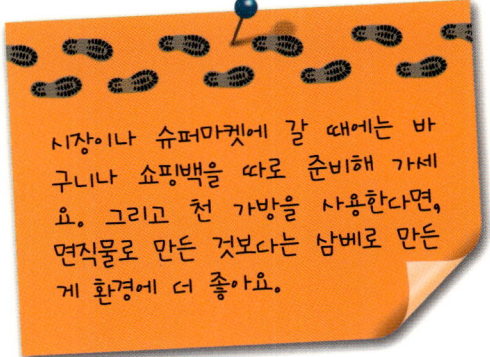

시장이나 슈퍼마켓에 갈 때에는 바구니나 쇼핑백을 따로 준비해 가세요. 그리고 천 가방을 사용한다면, 면직물로 만든 것보다는 삼베로 만든 게 환경에 더 좋아요.

재사용 포장 재료를 쓰고 난 뒤 그냥 버리기보다는 다시 사용하면 환경에 그만큼 도움이 되어요. 일부 가게에서는 병이나 용기를 한 번만 쓰고 버리는 대신에 다시 사용하도록 권장하고 있어요.

재활용　어쩔 수 없이 포장을 해야 한다면, 쓰고 난 포장 재료를 그냥 쓰레기통에 버리지 말고 재활용함에 분리해서 버리세요.

쓰레기의 재발견

우리가 흔히 쓰는 물건은 대부분 많은 에너지를 들여 만들고, 이 과정에서 이산화탄소를 많이 배출해요. 따라서 물건을 재활용하면 이산화탄소 배출을 줄일 수 있어요. 지금부터 여러 가지 물질을 재활용하는 방법에 대해 알아보기로 해요.

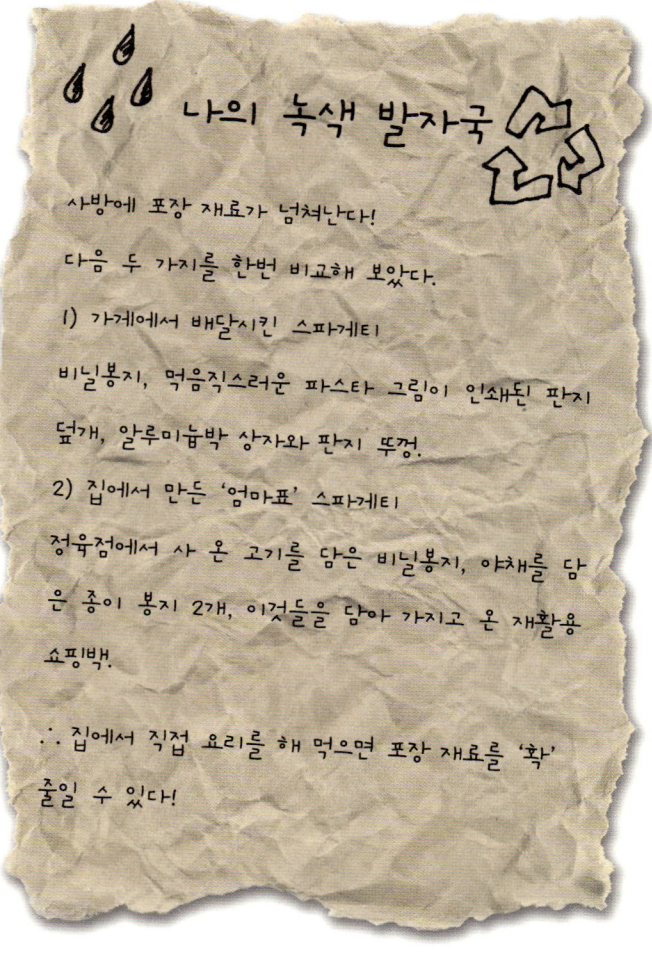

나의 녹색 발자국

사방에 포장 재료가 넘쳐난다!
다음 두 가지를 한번 비교해 보았다.
1) 가게에서 배달시킨 스파게티
비닐봉지, 먹음직스러운 파스타 그림이 인쇄된 판지 덮개, 알루미늄박 상자와 판지 뚜껑.
2) 집에서 만든 '엄마표' 스파게티
정육점에서 사 온 고기를 담은 비닐봉지, 야채를 담은 종이 봉지 2개, 이것들을 담아 가지고 온 재활용 쇼핑백.

∴ 집에서 직접 요리를 해 먹으면 포장 재료를 '확' 줄일 수 있다!

유리　유리는 자연 속에서 완전히 분해되는 데 약 3000년이나 걸려요. 유리는 단단한 물질이고, 미생물의 작용으로 분해가 되지 않기 때문이지요. 다행히도 유리는 100% 재활용할 수 있어요. 잘게 부순 뒤에 녹이면 병뿐만 아니라 온갖 물건을 만들 수 있어요.

우리나라는 빈 병을 가게에 도로 가져다주면 보증금을 돌려주는 '공병 보증금 반환' 제도가 있어요. 그러니까 음료수값에 병값이 포함돼 있어 빈 병을 갖다주면 병값을 돌려주는 것이지요. 그렇지만 이 제도를 잘 지키지 않는 가게가 많아요.

플라스틱 플라스틱은 대개 석유를 원료로 해서 만든 합성 물질이에요. 플라스틱은 종류가 많지만, 크게 '열가소성 수지'와 '열경화성 수지'로 나누어요. 열가소성 수지는 열을 가하면 물렁물렁해지기 때문에 원하는 모양으로 만들 수 있어요. 반면에 열경화성 수지는 한번 단단하게 굳어진 다음에는 열을 가해도 다시 물러지지 않아요. 그래서 열경화성 수지는 재활용하기가 어려워요.

플라스틱은 우리가 쓰레기통에 버리는 물질 중에서 상당히 많은 부분을 차지해요. 플라스틱은 불에 태울 수 있지만, 유독한 매연이 나오기 때문에 태워 없애는 것은 바람직한 방법이 아니에요. 그래서 재활용하는 게 좋아요. 그렇지만 모든 플라스틱을 다 재활용할 수 있는 건 아니에요. 요구르트병 같은 것은 경제성이 없어요. 반면에 플라스틱 병과 용기는 재활용하기가 좋아요.

플라스틱은 종류별로 정확하게 분리하는 게 중요해요. 그리고 재활용 공장에서 가루나 부스러기로 만든 뒤에 순수한 플라스틱 재료와 섞어 원하는 물건으로 만들지요.(플라스틱 1톤을 재활용하면 석유 1~1.2톤을 절약할 수 있어요.)

경제성
재물, 자원, 노력, 시간 따위가 적게 들면서도 이득이 되는 성질.

종이 전 세계에서 매년 종이를 만드느라 엄청나게 많은 나무가 잘려 나가고 있어요. 종이를 재활용하면 막대한 에너지를 절약할 수 있을 뿐만 아니라 숲을 보호할 수 있어요.

종이는 셀룰로오스 섬유로 이루어져 있는데, 쓰고 버린 종이에서 셀룰로오스 섬유를 뽑아서 다시 여러 가지 종이 제품으로 만들 수 있어요. 여러 곳에서 모은 폐지는 먼저 종류별로 분류해요. 질이 좋은 종이는 책이나 공책을 만드는 데 쓰이고, 질이 떨어지는 종이는 제품 포장지로 재활용되지요.

강철과 알루미늄 강철과 알루미늄도 유리처럼 100% 재활용할 수 있어요. 강철과 알루미늄을 재활용하면 천연자원을 아낄 수 있을 뿐만 아니라, 에너지 소비도 크게 줄일 수 있어요. 예컨대 알루미늄을 재활용하면 새로 만드는 것보다 에너지를 95%나 절약할 수 있어요.

미국에서는 판매되는 전체 알루미늄 캔 중 약 절반이 그냥 버려지고 있는데, 그 양은 일 년에 무려 500억 개나 되어요! 10년 동안 버려지는 알루미늄 캔을 모으면 전 세계의 민간 항공기를 모두 만드는 데 필요한 알루미늄보다 25배나 많은 알루미늄을 얻을 수 있어요.

강철도 만드는 과정에서 에너지를 아주 많이 써요. 철광석을 캐서 운반하고 녹이는 데 많은 에너지가 들기 때문이지요. 강철은 재활용 비율이 아주 높은데, 오늘날 전 세계에서 생산되는 강철 중 약 절반은 고철을 재활용한 거예요.

고철
아주 낡고 오래된 쇠. 또는 그 조각.

Test yourself!

이 조사는 여러분이 먹는 음식이 탄소 발자국에 어떤 영향을 미치는지 깨닫게 해 줄 거예요.

❶ 냉장고에서 신선한 과일과 야채 세 가지를 자세히 살펴보세요. 신선한 과일과 야채에는 대부분 원산지가 표시돼 있어요. 각각의 원산지가 어딘지 기록하세요.
❷ 그리고 각각의 식품이 유기농으로 재배한 것인지 아닌지도 기록하세요. 유기농으로 재배한 것은 모두 몇 가지나 되나요?
❸ 각 식품의 포장 상태를 살펴보세요. 한 겹으로 포장되었는지, 아니면 두 겹이나 세 겹으로 포장되었는지 기록하세요.
❹ 일주일에 소고기나 양고기, 돼지고기, 닭고기를 몇 번이나 먹는지 세어 보세요.

자, 이제 여러분의 탄소 발자국이 얼마나 깊은지 알아볼까요?

❶ 신선한 과일과 야채의 원산지가 여러분이 사는 곳 부근에서 생산된 것이면 1점, 국내에서 생산된 것이면 3점, 같은 대륙에서 생산된 것이면 5점, 다른 대륙에서 생산된 것이면 10점을 주세요.
❷ 유기농으로 재배한 것은 1번에서 얻은 점수를 반으로 줄이세요.
❸ 한 겹으로 포장되었으면 3점, 두 겹 이상 포장되었으면 7점을 주세요.
❹ 소고기 외의 다른 고기를 한 번 먹을 때마다 2점을 주세요. 그리고 소고기를 한 번 먹을 때마다 5점을 주세요!

이제 모든 점수를 더해 보세요. 점수가 높을수록 여러분의 탄소 발자국은 더 깊은 거예요! 매달 일주일에 한 번씩 이 조사를 하면서 여러분의 탄소 발자국이 더 깊어지는지 얕아지는지 살펴보세요.

식품 II
문제는 발자국이 아닌 발굽 자국?

여러분은 오늘 아침에 어떤 음식을 먹었나요? 혹시 채소 반찬은 멀리 밀어 두고 고기반찬만 골라 먹지는 않았나요?

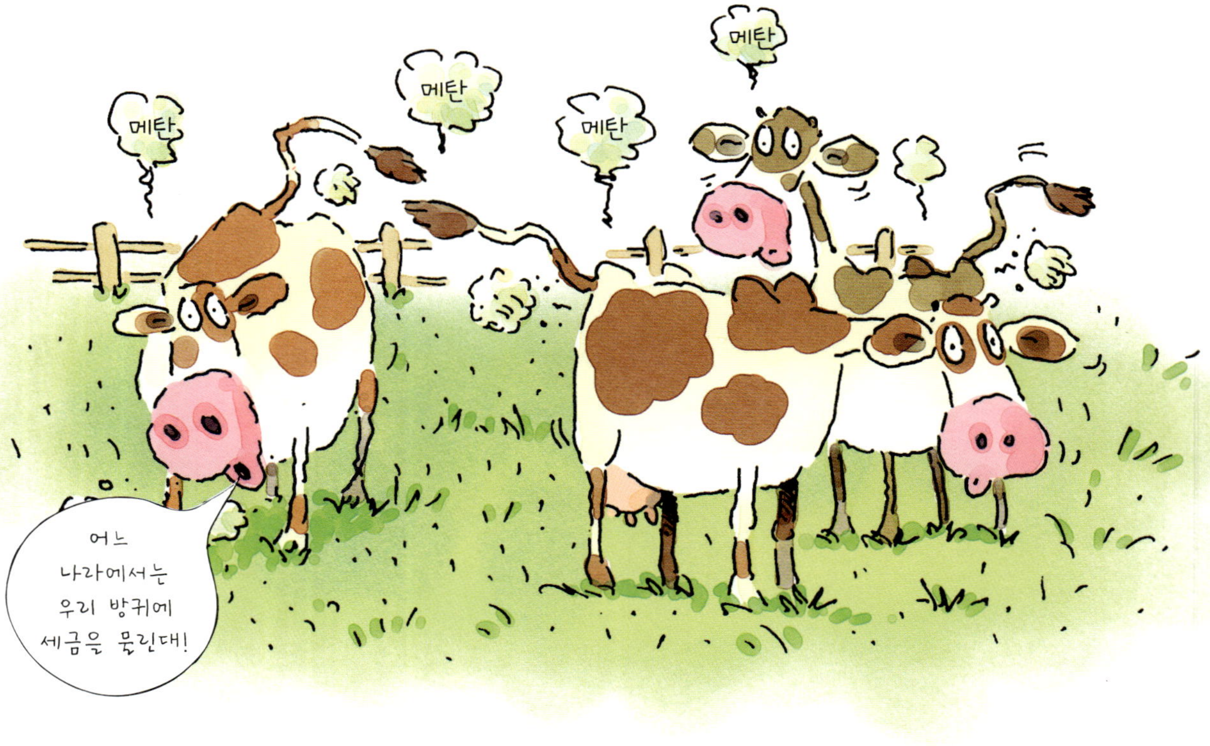

어느 나라에서는 우리 방귀에 세금을 물린대!

여러분의 식습관을 조금만 바꾸어도 탄소 발자국을 많이 줄일 수 있어요. 그중 하나가 바로 고기를 덜 먹는 거예요! 도대체 고기와 탄소 발자국 사이에 무슨 관계가 있냐고요?

등골이 오싹해지는 통계

지금 지구에는 가축이 약 250억 마리나 살고 있어요! 전 세계 인구가 약 80억 명이니까 두 배가 훨씬 넘는 셈이에요.

가축이 내뿜는 온실 기체

여러분이 맛있는 소고기버거를 한 입 베어 먹을 때마다 탄소 발자국은 그만큼 깊어져요. 2006년, 국제 연합은 지구에서 배출되는 전체 온실 기체 중 18%가 가축에게서 나온다고 발표했어요. 그중에서도 온실 기체를 가장 많이 배출하는 가축은 몸집이 가장 큰 소예요!

등골이 오싹해지는 통계

1990년부터 2000년 사이에 남아메리카와 중앙아메리카, 사하라 이남 아프리카, 동남아시아에 있는 국가들은 대부분 도로나 목장, 농경지, 산업 용지를 만드느라 숲이 0.1~2.5% 사라졌어요.

소에게 먹일 사료를 재배하고, 고기와 낙농 제품을 만들고, 그것을 운송하고, 목축에 필요한 땅을 개간하는 과정에서 발생하는 이산화탄소가 지구 전체에서 배출되는 이산화탄소 중 약 9%를 차지해요.

그리고 가축(주로 소)은 트림과 방귀를 통해 지구 전체에서 배출되는 메탄 중 약 30%를 내뿜어요. 같은 무게로 따질 때, 메탄은 이산화탄소보다 온실 효과가 20배 이상 강해요!

열대 우림이 파괴되면……

소고기는 많은 사람에게 중요한 식량이기 때문에, 세계 각지에서 소를 키우기 위해 숲을 마구마구 베어 내고 있어요. 1995년 한 해 동안 남아메리카의 브라질에서는 벨기에만 한 면적의 열대 우림이 사라졌어요.(전부 다 소를 키우는 목장을 만드는 데 쓰인 것은 아니지만요.)

숲은 소를 키우는 목장을 만들려고 베어 내기도 하지만, 소에게 먹일 사료 작물을 재배하려고 베어 내기도 해요. 어쨌든 대기 중의 이산화탄소를 흡수하는 숲이 사라지면 그만큼 지구 온난화의 위험이 커져요.

고기를 만드는 데 들어가는 에너지

고기를 생산하는 데에는 많은 에너지가(그리고 그 밖에 물 같은 다른 자

★원도) 들어요.

다음 두 가지 식품은 1cal의 식품 에너지를 만드는 데 화석 연료 에너지가 얼마나 많이 드는지 비교해 볼까요?

자원

우리의 생활에 유용하게 쓰이는 원료 물질. 예를 들면 나무, 석유, 석탄, 천연가스, 광물 같은 것이 있어요.

감자 1cal의 식품 에너지를 만드는 데 화석 연료 에너지가 0.46cal밖에 들지 않아요. 감자는 식품 에너지 중 대부분을 햇빛으로 만들기 때문이지요.

소고기 1cal의 식품 에너지를 만드는 데 화석 연료 에너지가 33.3cal나 들어요.

우리가 일을 하는 데 쓰는 에너지 중 대부분은 화석 연료를 태워서 얻기 때문에, 감자에서 얻는 것과 같은 양의 에너지를 고기에서 얻으려면 72배나 많은 탄소 발자국을 남기게 되는 거예요!

소고기를 대신할 식품은 없을까?

소고기를 먹는 것은 식품 에너지를 얻는 방법으로는 아주 비효율적이에요. 소에게 곡물을 먹여 키운 뒤에 그 고기를 먹는 대신에 소에게 먹일

곡물을 사람이 직접 먹으면, 다섯 배나 많은 사람이 먹고 살 수 있어요.

고기를 생산하려면 다른 농작물을 생산하는 것보다 땅과 물이 훨씬 많이 필요해요. 소에게 먹일 작물을 재배해야 하기 때문이지요. 소는 주로 콩이나 곡물을 먹는데, 그런 작물을 재배하려면 소중한 농경지를 사용할 수밖에 없지요. 이 농경지에 우리가 먹을 식량을 심어 기른다면, 땅이 5분의 1만 있어도 똑같은 양의 식품 에너지를 생산할 수 있어요.

만약 모든 사람이 고기를 먹지 않는다면, 농경지 부족 때문에 전 세계에서 많은 사람이 굶주리는 문제를 하루아침에 해결할 수 있어요!

가정 줄줄 새 나가는 집 안의 에너지

날씨가 추울 때, 여러분 집의 자동 온도 조절 장치는 몇 도로 맞춰져 있나요? 집 안은 얇은 옷만 입고 지낼 정도로 따뜻한가요? 아니면 내복이나 점퍼를 입어야 할 정도로 추운가요?

집 안에서 옷을 여러 겹 입을수록 탄소 발자국이 얕아진다는 사실을 기억해 두세요.

탄소 발자국을 줄이는 착한 습관

그 밖에도 집 안에서 쓰는 에너지를 줄일 수 있는 방법이 많아요. 하나씩 살펴볼까요?

가전제품 플러그 뽑기 여러분은 텔레비전이나 비디오 게임기를 끌 때 그냥 전원 단추만 누르지요? 그렇게 하면 완전히 꺼지는 게 아니라 대기 상태가 되는데, 대기 상태에서도 전기 제품은 소중한 전기를 계속 사용해요! 그러는 대신에 플러그를 뽑으면, 여러분의 탄소 발자국을 줄이는

자동 온도 조절 장치
보일러나 그 밖의 난방 장치에서 온도를 자동으로 조절하는 장치.

데 도움이 돼요.

이렇게 대기 상태에서도 전기를 많이 소모하는 제품으로는 텔레비전, DVD 플레이어, 광대역 모뎀이 있어요.

에너지 소비량으로 따질 때, 데스크톱 컴퓨터는 노트북 컴퓨터보다 전기를 5배나 많이 사용해요. 그러니 되도록 노트북 컴퓨터를 쓰는 게 낫겠죠?

그렇지만 그보다 더 나쁜 것은 본체와 모니터 전원을 끄지 않고 내버려 둔 컴퓨터예요. 컴퓨터는 '슬립' 모드에서도 여전히 많은 에너지를 소비하니까요!

조명 기구 스위치 내리기

방에서 나갈 때 불을 그대로 켜 놓는 사람이 많아요. 금방 돌아올 거라는 생각에서 그러지만, 밖으로 나가서는 딴 일에 정신이 팔려 한동안 방으로 돌아오지 않는 일이 많아요.

탄소 발자국을 줄일 수 있는 또 한 가지 방법은 절전형 전구를 쓰는 거예요. 절전형 전구는 보통 전구에 비해 전기를 약 20%밖에 소비하지 않으면서 수명은 약 10배나 길어요. 비록 값은 비싸더라도 오래 쓸 수 있으니 절전형 전구가 훨씬 이익이에요.

방에서 나갈 때에는 항상 불을 끄는 버릇을 들이세요.
(아, 물론 방 안에 사람이 없을 때에만요.)

목욕 대신에 샤워를! 우리는 천연가스나 전기로 물을 따뜻하게 데워요. 천연가스를 태우면 이산화탄소가 대기 중으로 나가기 때문에, 따뜻한 물을 많이 사용할수록 여러분의 탄소 발자국은 더 깊어져요.

가정에서 사용하는 따뜻한 물은 주로 몸을 씻거나 빨래를 하거나 설거지를 하는 데 쓰여요. 다행히도 따뜻한 물을 덜 쓸 수 있는 방법이 여러 가지 있어요.

우선, 목욕보다는 샤워를 하는 게 물을(그리고 에너지도) 훨씬 덜 써요. 절수형 샤워기를 쓴다면 물 사용량을 더욱 줄일 수 있어요. 그렇지만 물을 세게 튼 채 10분 동안 계속 샤워를 하면, 욕조에 물을 받아 목욕을 하는 것과 별 차이가 없다는 사실을 꼭 명심하세요!

욕실에 샤워 시설이 없는 집도 간혹 있고, 또 목욕을 꼭 해야 하는 사람도 있어요. 그렇다면 욕조에 물을 가득 채우지 말고 얕게 채우면 온수를 많이 절약할 수 있어요.

더러워진 옷만 빨래를! 자기 몸에서 퀴퀴한 냄새가 나는 걸 좋아할 사람은 없을 거예요. 또, 교실에서 옆에 앉은 친구의 몸에서 고약한 냄새가 난다면 누구나 싫어할 테고요. 그런데 사람들은 종종 필요 이상으로 옷을 자주 빨아요. 바지나 셔츠를 세탁기에 집어넣기 전에 한 번 더 입어도 되지 않는지 꼭 생각해 보세요!

빨래는 밖에서 말리기 에너지를 많이 사용하는 건조기 안이나 방열기 위에서 빨래를 말리는 대신에 날씨가 좋을 때 빨랫줄에 널어 말리세요. 그러면 화석 연료 대신에 태양열과 바람 같은 재생 에너지로 빨래를

재생 에너지
써도 써도 바닥나지 않고 계속 공급되는 에너지. 재생 에너지의 예로는 태양열, 풍력, 수력 등이 있어요.

말릴 수 있어요. 그리고 옷 냄새도 훨씬 좋을 거예요!

냉난방 에너지 아끼기

가정에서 에너지를 많이 소비하는 것 중 하나는 바로 난방과 냉방이에요. 날씨가 추운 지역에서는 가정에서 사용하는 전체 에너지 중 약 절반을 난방이 차지해요. 난방이나 냉방에 들어가는 에너지를 줄이면 여러분의 탄소 발자국을 많이 줄일 수 있어요. 난방과 냉방에 드는 에너지를 줄이는 방법은 다음과 같아요.

첫째, 열이 새 나가는 곳이 없게 단열을 잘 하면, 에너지 낭비를 막을 수 있어요.

둘째, 날씨가 춥다고 무조건 난방 장치를 켜지 말고 얇은 옷을 여러 개 껴입고 견뎌 보세요.

셋째, 날씨가 더울 때에는 냉장고 안에 얼음물이 담긴 주전자를 넣어 두세요. 아주 더울 때 시원한 얼음물을 한 잔 마시면 에어컨을 켜지 않아도 돼요.

단열
물체와 물체 사이에 열이 서로 통하지 않도록 막는 것. 거기에 쓰이는 재료를 단열재라고 해요. 집을 지을 때 단열을 잘 하면, 열이 빠져 나가는 것을 막아 탄소 발자국을 줄일 수 있어요.

추울 때 밖에 있다가 집 안으로 들어오더라도, 두꺼운 옷을 그대로 입고 지내세요. 그러면 난방 장치를 켜지 않아도 돼요.

Test yourself!

다음 몇 가지를 조사해 보면, 여러분이 집 안에서 남기는 탄소 발자국이 어느 정도인지 알 수 있어요.

❶ 집 안을 한번 둘러보세요. 보거나 듣지도 않는데 켜져 있는 텔레비전이나 음악 플레이어가 몇 개나 있나요?
❷ 전기 제품 중 완전히 끈 상태가 아니라 대기 상태에 있는 게 몇 개나 있나요?
❸ 아무도 없는데 불이 켜져 있는 방은 몇 개인가요? 절전형 전구는 몇 개나 있나요?
❹ 일주일 동안 여러분 가족은 목욕과 샤워를 모두 몇 번이나 하나요?

자, 이제 조사한 결과를 가지고 탄소 발자국의 깊이를 알아보기로 해요. 여기까지 책을 잘 읽었다면, 아래 점수가 이해될 거예요.

❶ 보거나 듣지도 않는데 켜져 있는 텔레비전이나 음악 플레이어 하나당 3점을 주세요.
❷ 대기 상태에 있는 전기 제품 하나당 1점을 주세요.
❸ 아무도 없는데 불이 켜져 있는 방은 하나당 2점을 주세요.
❹ 욕조에 물을 가득 채운 목욕은 5점, 물을 얕게 채운 목욕은 3점, 샤워는 2점을 주세요.

점수가 높을수록 여러분의 탄소 발자국이 더 깊어져요! 일주일에 한 번씩 이 조사를 하면서 여러분의 탄소 발자국이 깊어지는지 얕아지는지 살펴보세요.

쇼핑백에 담긴 탄소 발자국

여러분은 엄마나 아빠와 함께 슈퍼마켓이나 대형 쇼핑몰에 가 본 적이 있을 거예요. 그곳에서 주로 어떤 물건을 골라 쇼핑 바구니에 넣었나요? 여러분이 산 물건은 꼭 필요한 물건이었나요? 혹시 좋아하는 연예인이 광고를 하는 물건이어서 충동적으로 산 것은 아니었나요?

어떤 사람들은 쇼핑몰에 들러 새로운 물건을 사길 좋아해요. 또 어떤 사람들은 컴퓨터 앞에 앉아 온라인 쇼핑을 즐기지요. 어떤 방식으로 물건을 사건, 여러분의 쇼핑 습관은 탄소 발자국에 큰 영향을 미쳐요.

물건을 사면서 남기는 탄소 발자국

우리가 사는 물건은 재배, 생산, 운송, 판매 과정을 거치는 동안 이미 많은 에너지를 썼어요. 그 에너지는 대개 화석 연료에서 얻기 때문에 지구 온난화를 악화시켜요.

우리가 어떤 물건을 사느냐에 따라 세계가 탄소 배출 문제에 대처하는 데 직접적인 영향을 미칠 수 있어요.(예를 들어 나무를 재료로 사용한 제품을 만들려면 나무를 베어 내야 하지요.) 다행히도 물건을 살 때 발생하는 탄소 발자국을 줄이는 방법이 있어요.

쇼핑 장소에 따라 탄소 발자국의 깊이가 달라질까?

맞아요. 그 이유는 어떤 건물은 다른 건물보다 환경에 더 해롭기 때문이에요. 새로 생긴 쇼핑몰과 변두리에 있는 쇼핑몰의 탄소 비용을 한번 살펴볼까요?

등골이 오싹해지는 통계

대량 생산이 시작된 산업 혁명 이후 대기 중의 이산화탄소 양은 약 38%나 늘었어요!

호화찬란한 쇼핑 센터를 짓는 데 들어간 에너지가 전부 얼마나 될지 생각해 보세요.

- 쇼핑몰은 유리, 금속, 나무를 비롯해 여러 가지 건축 자재를 사용해 지어요. 이런 자재들을 만들거나 쇼핑몰을 짓는 과정에 많은 화석 연료가 쓰여요.
- 쇼핑몰의 넓은 공간은 하루 종일 쾌적한 온도를 유지해야 하는데, 그러려면 에너지가 많이 들어요.
- 쇼핑몰은 대개 조명을 환하게 밝혀요.(심지어 밤중에도!) 당연히 에너지가 많이 들지요.
- 변두리에 있는 쇼핑몰은 자동차로만 갈 수 있는 경우가 많아요. 그러면 여러분의 탄소 발자국이 더 깊어질 수밖에 없어요.

온라인 쇼핑이 환경에 더 좋을까?

온라인 쇼핑을 하면 직접 멀리 있는 가게까지 갈 필요가 없어요. 그리고 온라인 가게들은 모두 가상의 가게이기 때문에 강철이나 유리, 콘크리트 같은 자재를 써서 건물을 지을 필요도 없어요. 이 두 가지 점은 우리의 탄소 발자국을 줄여 주지요. 하지만 온라인 쇼핑도 탄소 비용이 전혀 들지 않는 것은 아니에요.

- 온라인에서 물건을 사건, 실제 가게에서 사건, 여러분이 산 물건은 모두 생산 과정에서 똑같은 탄소 발자국을 남겨요.
- 생산한 제품은 창고나 어딘가에 보관해야 해요. 그렇지만 창고는 가게보다 물건을 훨씬 많이 보관할 수 있고, 또 가게처럼 난방을 하거나 조명을 밝게 켤 필요가 없어요.
- 물건을 여러분에게 배달하는 과정에서도 탄소 발자국을 남겨요. 그

렇지만 배달 차량은 같은 방향에 있는 목적지들로 수백 개의 물건을 함께 운반해요. 각자가 가게로 물건을 사러 가는 것보다는 배달 차량이 모든 물건을 싣고 각 집으로 배달하는 것이 탄소를 덜 배출하지요.

탄소 발자국이 얕은 제품은 어떤 것?

어떤 제품의 탄소 발자국이 얕은지 알고 싶다면 어떤 재료를 써서, 어떤 방법으로, 어디서 만들었는지 알아보면 됩니다. 예를 들어 청바지가 만들어지는 과정을 살펴볼까요?

온라인 쇼핑은 탄소 발자국을 줄일 수 있는 좋은 방법이에요.
단, 여러분이 물건을 반품하지 않는다면요.

- 청바지는 무명을 짜서 만드는데, 먼저 무명의 원료를 얻으려면 목화를 길러야 합니다. 그 과정에서 흔히 비료를 사용해요. 티셔츠 한 벌을 만드는 데 필요한 목화를 기르려면 평균적으로 비료 17찻숟가락이 들어간다고 해요. 그러니 청바지는 그것보다 더 들어가겠죠!
- 그다음에는 목화솜에서 뽑아낸 실인 무명으로 천을 짜야 해요. 목화솜을 공장으로 싣고 가, 그것을 천으로 만들기까지 각 단계마다 에너지가 필요해요.

라벨을 잘 살펴보세요. 그 옷을 만든 곳이 어디인가요? 설사 옷은 가까운 곳에서 만들었다 하더라도 원재료는 아주 먼 곳에서 왔을지도 몰라요.

- 이렇게 만든 천을 다른 공장으로 보내 청바지로 만드는데, 여기서도 탄소가 더 나와요. 청바지 공장은 천을 만드는 공장 가까이에 있을 수도 있지만, 외국에 있을 수도 있어요.
- 마지막으로, 청바지를 판매할 곳으로 운반합니다.

등골이 오싹해지는 통계

'순면 100%'란 라벨이 붙은 티셔츠는 대부분 실제로는 면이 73%만 섞여 있어요. 나머지는 제조 과정에서 면에 들러붙은 화학 물질로 이루어져 있어요.

목화는 대개 가난한 나라에서 기르는 반면, 청바지는 부자 나라에서 많이 팔리기 때문에 목화가 청바지가 되어 팔리기까지는 수천 km 이상을 여행하는 경우가 많아요. 이제 인도에서 기른 목화로 중국에서 만든 청바지가 왜 깊은 탄소 발자국을 남기는지 알겠죠?

최신 유행을 따르는 게 죄인가요?

누구나 남에게 멋지게 보이고 싶어 해요. 많은 사람들은 최신 유행에 뒤떨어지지 않으려고 쇼핑을 해요. 그렇지만 유행을 따르는 것은 여러분의 탄소 발자국을 줄이는 데 별로 도움이 되지 않아요. 왜 그럴까요?

누구를 위한 유행인가? 패션은 해마다 변해요. 의류 회사들이 사람들에게 옷을 더 많이 사게 하려고 패션을 계속 바꾸기 때문이지요.

물론 패션은 옷에만 있는 건 아니에요. 전자 제품이나 가구, 장식품, 자동차, 자전거, 휴대 전화, 스케이트보드를 비롯해 사람들이 많이 사는 물건은 모두 나름의 유행이 있어요. 만약 순전히 유행을 따르기 위해

나의 녹색 발자국

오늘은 다음 원칙을 지키려고 두 가지 규칙을 정했다.

첫째, 필요 없는 옷은 절대로 사지 않는다.

둘째, 사람들에게 웃음거리가 될 만한 옷은 절대로 입지 않는다.

규칙 1: 단지 세일을 한다는 문구만 보고 옷가게에 들어가지 않는다.

규칙 2: 어떤 물건을 보자마자 바로 그날 물건을 사지 않는다.(그렇지만 다음 날 아침에 일어나서도 여전히 그 물건이 필요하다고 생각된다면, 사도 좋다.)

아직 멀쩡한 물건(예컨대 스웨터)을 새것으로 바꾼다면, 여러분은 남길 이유가 전혀 없는 탄소 발자국을 남기게 되어요.

가게에 최신 상품이 나오자마자 최신 유행을 따르고 싶은 충동이 들기 쉬워요. 여러분이 형광 빛이 도는 노란색 보디 스타킹이나 금속편으로 장식된 핫팬츠, 또는 스키니진을 입고 다니는 모습을 상상해 보세요. 그러는 게 정말로 좋을까요? 만약 그렇지 않다면, 여러분은 아무런 이득도 얻지 못한 채 괜히 탄소 발자국만 키운 셈이 되지요.

닳거나 찢어진 옷 아직 멀쩡한 옷을 놔두고 새 옷을 사는 것도 나쁘지만, 아예 처음부터 닳거나 찢어진 옷을 사는 사람들도 있어요. 그런 옷은 오래 입을 수가 없어요. 예를 들어 색이 바래거나 낡은 것처럼 보이는 무명천(청바지나 스웨터, 티셔츠를 만드는 데 쓰이는 천.)은 그렇게 보이게 하려고 제조 과정에서 화학 약품을 넣어요. 그런 화학 약품은 천을 손상시켜 금방 닳게 하지요.

닳거나 찢어진 옷을 입는 걸 멋으로 여기는 사람들이 있는데, 그런 옷은 오래 입을 수가 없어요.

진정한 멋쟁이가 되는 법

탄소 발자국을 늘리지 않고도 멋진 패션을 자랑할 수 있는 방법은 얼마든지 있어요. 몇 가지 방법을 아래에 소개할게요.

낡은 옷 고쳐 입기 오래된 옷이 유행에 뒤떨어진다고 해서 그냥 버릴 필요는 없어요. 대신에 재단 방법이나 스타일을 바꾸어 보세요. 의류 수선 전문점에 가져가 고칠 수도 있고, 손재주가 있으면 직접 고칠 수도 있어요. 손재주가 없다면, 친척이나 친구에게 도움을 청해 보세요. 의류 수선이나 리폼에 관한 온라인 카페에 가입해 조언과 도움을 얻는 방법도 있어요. 이들이 내세우는 구호는 "새 옷은 절대로 사지 말자!"랍니다.

낡은 옷을 그냥 버리지 말고 불우이웃 돕기 바자회나 아름다운 가게(자선 가게)에 기부하세요. 그러면 누군가가 새 옷을 사는 대신에 그것을 입을 수 있고, 그만큼 탄소 발자국을 줄일 수 있어요. 게다가 자선 가게는 그 덕분에 돈도 조금 벌 수 있어요.

낡은 옷을 새 옷으로!

오늘날 몇몇 회사는 낡은 옷을 재활용함으로써 고객에게 탄소 발자국을 줄일 수 있는 기회를 줍니다. 이 아이디어는 한 의류 회사가 냈어요. 이 회사는 제조 과정에서 환경에 미치는 해를 최소화하기 위해 고객이 입었던 낡은 옷으로 새 옷을 만듭니다. 그러면 자원을 덜 낭비하여 그만큼 탄소 발자국을 줄일 수 있어요.

중고 의류 구입하기

자선 바자회나 빈티지* 의류를 취급하는 가게에 가면, 몇 번 입지 않은 중고 의류를 살 수 있어요. 그 옷을 만들고 운송하고 판매하는 데 들어간 탄소 발자국은 이미 누군가가 남겼기 때문에, 그런 옷을 사면 여러분이 남기는 탄소 발자국은 거의 없는 셈이에요.

설사 원하는 스타일의 옷이 없다고 하더라도, 천의 색감이나 재질이 마음에 드는 걸로 골라 보세요. 나중에 의류 수선 전문점에 가져가 원하는 스타일로 고치면 되니까요.

빈티지(vintage)

오래되었으면서도 스타일이 멋진 것을 가리키는 말. 원래는 포도가 풍작인 해에 만든 고급 포도주를 가리키는 말이지만, 패션이나 가구, 자동차 분야에서는 스타일이 멋진 중고품을 일컫는 말로 쓰여요.

환경 성적 표지에 대해 아시나요?

'환경 성적 표지'란, 환경부에서 식품을 비롯해 생활용품, 가정용 전기 기기 등의 상품 겉면에 탄소 배출량을 적는 제도를 말해요. 우리나라에서는 이 탄소 성적 표지가 붙은 상품이 2009년 4월 15일부터 나오기 시작했어요.

그런데 이 제도가 왜 만들어졌을까? 지구를 사랑하는 지혜로운 어린이라면, 상품에 붙은 '환경 성적 표지'를 보고 이산화탄소가 덜 나오는 것을 고르지 않겠어요?

• 자료 출처 : 한국환경산업기술원

탄소 배출량 인증   저탄소 상품 인증

Test yourself!

다음 조사를 해 보면 여러분의 쇼핑 습관이 탄소 발자국에 어떤 영향을 미치는지 알 수 있어요.

❶ 여러분은 대형 쇼핑몰, 그보다 작은 슈퍼마켓이나 가게, 온라인 쇼핑몰 중 주로 어디서 쇼핑을 하나요?
❷ 자신이 가장 좋아하는 바지와 운동화를 꺼내 보세요. 상표를 보면 그 제품이 어디서 만들어졌는지 표시돼 있을 거예요.
❸ 여러분의 옷을 모두 살펴보세요. 그중에 a) 세 번 이상 입지 않은 것이나 b) 한 번도 입지 않은 것이 있나요?
❹ 여러분의 옷이나 다른 물건 중에서 중고품이나 구입한 뒤에 수선한 것이 있나요?

여러분이 조사한 결과를 가지고 여러분의 탄소 발자국이 얼마나 되는지 알아보기로 해요.

❶ 대형 쇼핑몰에서 쇼핑을 한 번 할 때마다 10점, 슈퍼마켓이나 가게에서 할 때에는 5점, 온라인 쇼핑을 할 때에는 3점을 주세요.
❷ 국내에서 만든 바지와 운동화에는 3점, 같은 대륙에서 만든 것에는 5점, 다른 대륙에서 만든 것에는 10점을 주세요.
❸ 세 번 이상 입지 않은 옷에는 5점, 한 번도 입지 않은 옷에는 10점을 주세요.
❹ 옷장에 중고품이나 수선한 옷이 있다면, 위 점수에서 5점을 빼세요.

점수가 높을수록 여러분의 탄소 발자국은 더 깊어요!

나는 환경 우등생일까, 낙제생일까?

다음 퀴즈를 풀어 보면 여러분이 환경을 잘 보호하는 우등생인지, 아니면 환경에는 별로 신경을 쓰지 않는 낙제생인지 알 수 있어요. 다음 질문들에 솔직하게 답한 뒤에 얻은 점수를 전부 합해 보세요. 그런 다음에 88쪽에 있는 〈환경 의식 신호등〉을 읽어 보세요.

1. 아빠가 승용차를 새로 사려고 해요. 여러분은 아빠에게 뭐라고 이야기할 건가요?

a) 멋진 소형 승용차를 사세요. 이왕이면 큰 스테레오가 달린 걸로요.

b) 가장 빠르고, 가장 크고, 가장 멋진 차로 사세요. 거기다 크고 시끄러운 배기관도 달고요. 그리고 매일 그 차로 학교에 데려다 주어야 해요.

c) 그냥 쓰던 차를 계속 쓰세요. 어차피 차가 수명이 다할 때쯤이면 석유도 바닥날 테니까요.

점수: a)는 1점, b)는 0점, c)는 2점

2. 여러분이 타는 자전거가 삐걱거리고 끽끽대는 소리를 내요. 어떻게 할 건가요?

a) 온라인 자전거 동호회에 가입해 문제가 무엇인지 알아볼래요. 그리고 고쳐서 쓰도록 노력해야죠.

b) 당장 부모님에게 새 자전거를 사 달라고 졸라야죠. 어차피 그 낡은 자전거는 타기가 불편했어요.

c) 동생에게 자전거를 빌려 달라고 부탁해 내 자전거를 자전거 수리점으로 가져가 수리해요.

점수: a)는 2점, b)는 0점, c)는 1점

3. 동생이 서핑을 배우기로 했어요. 그리고 방학이 되면 꼭 하와이로 놀러 가겠대요. 여러분은 어떻게 할 건가요?

a) 때때로 훌라 춤을 추면서 부모님에게 하와이로 가족 여행을 떠나자고 바람을 잡아요.

b) 우연인 것처럼 컴퓨터 바탕 화면에 멋진 파도가 치는 동해안이나 남해안을 보여 주는 웹 사이트를 띄워 놓아요.

c) 동생이 수영을 잘 못하므로, 가까운 강이나 바닷가에서 휴가를 보내는 게 안전하다고 말해 줍니다.

정답: a) 는 0점, b) 는 1점, c) 는 2점

4. 여러분이 생각하는 멋진 휴가 계획은 어떤 것인가요?

a) 기차를 타고 산이나 해변으로 가 천막을 치고 야영을 하는 거예요. 모닥불도 피우고, 현지에서 구한 식재료로 음식도 해 먹고요.

b) 비행기를 타고 외국으로 멀리 여행을 하는 거예요.

c) 국내의 근사한 휴가지로 비행기를 타고 여행하는 거예요.

정답: a) 는 2점, b) 는 0점, c) 는 1점

5. 먹다 남은 음식은 어떻게 하나요?

a) 조리하지 않은 음식은 퇴비 더미에 섞고, 조리한 음식은 개에게 주어요.

b) 무슨 말이죠? 먹다 남은 음식이라니요? 우리 집에는 그런 게 아예 나오지 않아요.

c) 당연히 쓰레기통으로 가야죠.

정답: a) 는 1점, b) 는 2점, c) 는 0점

6. 옷을 보통 몇 번이나 입고 나서 빨래를 하나요?

a) 그야 기분에 따라 다르죠. 때로는 많이 입고 빨기도 하고, 때로는 한두 번 입고 빨기도 해요.

b) 겉으로 보아 더럽지 않으면 계속 입어요.

c) 한 번요. 설사 눈에 보이지 않는다 해도, 옷은 한 번만 입어도 더러워지잖아요? 으윽, 잠깐만요. 또 손을 좀 씻고 와야겠어요.

정답: a) 는 1점, b) 는 2점, c) 는 0점

7. 아주 멋진 색상의 청바지가 눈에 띄었어요. 때마침 지금 세일 중이군요. 어떻게 할 건가요?

a) 조금 생각한 뒤에 사는 쪽으로 결정해요. 세일할 때 사면 돈을 아낄 수 있잖아요?

b) 유기농 무명천으로 이탈리아에서 만든 것이군요. 그렇지만 청바지는 이미 있으니, 필요 없을 것 같아요.

c) 와, 요즘 유행하는 청바지잖아요! 이왕이면 세 벌을 사야겠어요!

정답: a) 는 1점, b) 는 2점, c) 는 0점

여러분의 점수는요!

12점 이상: 여러분은 탄소 발자국을 거의 남기지 않으려고 노력하는 환경 우등생이에요!

7~11점: 현재 상태는 보통이에요. 좀 더 잘하도록 노력하세요!

6점 이하: 오, 맙소사! 얼른 인류가 옮겨 가 살 수 있는 새로운 세계가 발견되어야 할 텐데요! 지금 여러분처럼 살다가는 지구가 남아나지 않을 거예요. 유감스럽게도, 여러분은 환경 낙제생이에요!

찾아보기

ㄱ
가뭄 10, 11, 16, 18, 90
가정 9, 26, 68, 71, 72, 84, 90
강 10, 17, 18, 19, 47, 53, 60, 64, 76, 87, 90, 91
극지방 10, 90, 91
기차 40, 43, 45, 87, 90

ㄴ
나무 4, 5, 36, 37, 38, 56, 60, 65, 74, 75, 76, 90, 91
날씨 10, 18, 68, 71, 72, 90

ㄷ
대기 12, 14, 16, 19, 23, 31, 32, 36, 38, 40, 41, 53, 64, 68, 69, 71, 73, 75, 90

ㅁ
메탄 14, 36, 47, 62, 64, 90
몰디브 22, 90
물 2, 4, 5, 7, 10, 11, 12, 14, 16, 18, 19, 20, 21, 22, 26, 28, 31, 32, 33, 34, 35, 36, 38, 41, 43, 47, 48, 50, 51, 52, 53, 54, 55, 57, 58, 59, 64, 65, 66, 67, 70, 71, 72, 73, 74, 75, 76, 77, 79, 80, 85, 90, 91, 92

ㅂ
바다 10, 19, 20, 21, 90
발전소 32, 33, 35, 36, 90, 91
버스 6, 30, 40, 42, 43, 45, 90
비료 46, 47, 48, 52, 53, 55, 78, 90, 91
비행기 26, 41, 44, 50, 54, 87, 90
빙하 10, 20, 21, 90, 91
빨래 71, 87, 90

ㅅ
산불 10, 11, 16, 18, 90
생활 방식 24, 25, 26, 90
선진국 26, 27, 31, 90
쇼핑 9, 54, 57, 58, 74, 75, 76, 77, 79, 85, 90
수력 31, 33, 35, 36, 71, 90, 91
승용차 6, 40, 41, 42, 43, 44, 86, 90
식품 4, 9, 26, 46, 48, 49, 50, 51, 52, 53, 54, 55, 56, 61, 62, 65, 66, 67, 79, 84, 90, 91

ㅇ
얼음 10, 19, 20, 21, 72, 90, 91
에너지 9, 12, 19, 26, 30, 31, 32, 33, 34, 35, 36, 39, 47, 55, 58, 60, 64, 65, 66, 67, 68, 69, 70, 71, 72, 74, 75, 76, 78, 90, 91
에너지원 9, 30, 31, 33, 34, 35, 36, 90
에어컨 72, 90
여행 9, 13, 25, 26, 40, 42, 43, 44, 45, 48, 79, 87, 90
오염 18, 31, 41, 55, 90, 91
온도 13, 14, 16, 18, 19, 21, 37, 68, 76, 90, 91
온실 기체 12, 14, 19, 27, 28, 32, 36, 45, 47, 56, 57, 63, 90, 92
옷 68, 71, 72, 78, 79, 80, 81, 82, 83, 85, 87, 90
원자력 35, 36, 90
이산화탄소 4, 5, 6, 12, 14, 15, 16, 23, 27, 28, 29, 31, 32, 35, 36, 37, 38, 40, 41, 42, 44, 45, 50, 51, 54, 56, 58, 64, 71, 75, 84, 90, 91
인구 16, 22, 24, 48, 63, 90

ㅈ
자연재해 6, 10, 11, 90
자전거 40, 42, 43, 79, 86, 90
재사용 57, 90
재활용 58, 59, 60, 82, 90
전기 26, 30, 31, 32, 33, 34, 35, 36, 68, 69, 70, 71, 73, 84, 90, 91
전기 제품 30, 68, 73, 90
지구 온난화 7, 10, 11, 12, 13, 16, 17, 19, 20, 21, 22, 23, 24, 26, 32, 36, 38, 41, 45, 53, 55, 64, 74, 90, 91
지열 31, 33, 34, 36, 39, 90, 91

ㅊ
충전 30, 90

ㅌ
탄소 순환 38, 90
태양 에너지 31, 34, 36, 90, 91
태풍 10, 11, 16, 17, 19, 90

ㅍ
포장 55, 56, 57, 58, 60, 61, 90, 92
폭풍 16, 90
풍력 31, 35, 36, 39, 71, 90, 91

ㅎ
해류 18, 90
해수면 10, 16, 18, 19, 20, 21, 22, 90
홍수 10, 11, 17, 18, 90
화물 자동차 50
화석 연료 9, 12, 15, 30, 31, 32, 33, 36, 38, 39, 65, 66, 71, 74, 76, 90

단어 풀이

가축: 집에서 기르는 짐승. 소, 말, 돼지, 닭, 개 등이 있어요.

광전지: 빛 에너지를 전기 에너지로 바꾸는 장치.

극지방: 남극과 북극을 중심으로 한 그 주변 지역. 극지방은 지구에서 가장 추운 곳으로, 두꺼운 얼음으로 뒤덮여 있어요. 그렇지만 오늘날에는 지구 온난화 때문에 극지방의 얼음이 빠르게 녹고 있어요.

단열: 물체와 물체 사이에 열이 서로 통하지 않도록 막는 것. 거기에 쓰이는 재료를 단열재라고 해요. 집을 지을 때 단열을 잘 하면, 열이 빠져나가는 것을 막아 탄소 발자국을 줄일 수 있어요.

목재: 건축이나 가구 따위에 쓰는, 나무로 된 재료.

비료: 토지의 생산력을 높이고 식물을 잘 자라게 하기 위해 경작지에 뿌리는 영양물질. 비료는 퇴비 같은 천연 비료와 공장에서 인공적으로 만든 화학 비료가 있어요.

빈티지(vintage): 오래되었으면서도 스타일이 멋진 것을 가리키는 말. 원래는 포도가 풍작인 해에 만든 고급 포도주를 가리키는 말이지만, 패션이나 가구, 자동차 분야에서는 스타일이 멋진 중고품을 일컫는 말로 쓰여요.

빙하: 쌓인 눈이 짓눌려 변한 큰 얼음덩어리가 산비탈이나 계곡을 따라 천천히 강처럼 흐르는 것.

사하라 이남 아프리카: 사하라 사막 남쪽에 위치한 아프리카 지역.

생태계: 어느 장소와 그 환경, 그리고 그곳에서 서로 의존하여 살아가는 모든 생물을 포함하여 일컫는 말. 예를 들면, 연못과 거기에 사는 물고기, 식물, 곤충을 비롯해 모든 생물이 그곳의 연못 생태계를 이루어요.

연비: 자동차가 단위 연료로 달릴 수 있는 거리를 비율로 나타낸 것. 예를 들어 어떤 자동차는 휘발유 1L로 10km도 채 못 달리지만, 연비가 좋은 자동차는 16km 이상 달릴 수 있어요. 연비가 좋은 자동차는 같은 거리를 달리는 데 연료를 덜 쓰기 때문에 이산화탄소도 그만큼 덜 배출합니다.

오염: 해로운 물질이나 독성 폐기물이 공기나 물, 토양에 스며드는 것. 예를 들면, 자동차 배기가스에 섞인 이산화탄소가 깨끗한 공기 중으로 배출되면서 공기를 오염시켜요.

자동 온도 조절 장치: 보일러나 그 밖의 난방 장치에서 온도를 자동으로 조절하는 장치.

자원: 우리의 생활에 유용하게 쓰이는 원료 물질. 예를 들면 나무, 석유, 석탄, 천연가스, 광물 같은 것이 있어요.

재생 에너지: 계속 써도 바닥나지 않고 무한히 공급되는 에너지. 태양 에너지, 풍력, 수력 등이 있어요.

지열: 뜨거운 암석, 열수, 증기 등의 형태로 지구의 내부에 저장돼 있는 열. 지열을 잘 이용하면 집이나 건물을 난방하거나 발전도 할 수 있어요.

칼로리: 영양학에서 식품의 영양가를 열량으로 환산하여 나타낸 단위. 영양학에서 말하는 1칼로리(Cal)는 실제로는 1킬로칼로리(kcal)에 해당해요. 보통 여자 어른은 하루에 약 2000칼로리, 남자 어른은 약 2500칼로리를 섭취해야 합니다.

터빈: 높은 압력의 유체(액체나 기체)를 날개바퀴의 날개에 부딪치게 함으로써 회전하는 힘을 얻는 원동기. 발전소에서는 대개 터빈을 돌려 전기를 생산해요.

퇴비: 풀, 짚 또는 가축의 배설물 따위를 썩혀서 만든 거름.
포장: 물건을 싸는 일. 또는 물건을 싸는 데 쓰는 천이나 종이.
환기: 공기가 잘 통하게 해 탁한 공기를 맑은 공기로 바꾸는 것.

참고 사이트

이 책을 만드는 데 도움을 준 곳들입니다.
여러분도 다음 사이트에 들어가서 지구의 숨통을 틔어 줄 다양한 정보를 만나 보세요!

그린스타트(온실 기체 줄이기 국민 실천 운동) : www.greenstart.kr
기후변화행동연구소 : www.climateaction.re.kr
대통령 직속 녹색성장위원회 : www.greengrowth.go.kr
아름다운가게 : www.beautifulstore.org
풀꽃평화연구소 : www.naturepeace.net
한국환경산업기술원 탄소성적표지 : www.edp.or.kr

교과 내용

과학
3학년 1학기 1. 물질의 성질
3학년 1학기 4. 지구의 모습
4학년 2학기 2. 물의 상태 변화
6학년 2학기 5. 에너지와 생활

사회
5학년 1학기 1. 국토와 우리 생활
6학년 2학기 1. 세계 여러 나라의 자연과 문화

탄소 발자국을 줄이기 위한 나만의 아이디어를 적어 보아요!

나의 탄소 발자국은 몇 kg일까?

초판 1쇄 2011년 5월 31일
초판 12쇄 2025년 9월 22일

지은이 폴 메이슨
그린이 마이크 고든
옮긴이 이충호

편집장 천미진
편   집 최지우, 김현희
디자인 최윤정
마케팅 한소정
경영지원 한지영

펴낸이 한혁수
펴낸곳 도서출판 다림
등   록 1997. 8. 1. 제1-2209호
주   소 07228 서울시 영등포구 영신로 220 KnK디지털타워 1806호
전   화 02-538-2913   **팩   스** 070-4275-1693
블로그 blog.naver.com/darimbooks
다림 카페 cafe.naver.net/darimbooks
전자 우편 darimbooks@hanmail.net

ISBN 978-89-6177-044-6 73530
       978-89-6177-045-3 (세트)

이 책 내용의 일부 또는 전부를 사용하려면 반드시 저작권자와 도서출판 다림의 서면 동의를 받아야 합니다.
책값은 뒤표지에 표시되어 있습니다.

제품명: 나의 탄소 발자국은 몇 kg일까?	**제조자명**: 도서출판 다림	**제조국명**: 대한민국
전화번호: 02-538-2913	**주소**: 서울시 영등포구 영신로 220 KnK 디지털타워 1806호	
제조년월: 2025년 9월 22일	**사용연령**: 10세 이상	

※KC마크는 이 제품이 공통안전기준에 적합하였음을 의미합니다.

⚠ 주 의

아이들이 모서리에 다치지
않게 주의하세요.